围棋从入门到实战高手

围棋
收官计算

李勇 编著

吉林出版集团股份有限公司
全国百佳图书出版单位

版权所有　侵权必究

图书在版编目（CIP）数据

围棋从入门到实战高手. 围棋收官计算 / 李勇编著. -- 长春：吉林出版集团股份有限公司，2020.12
　ISBN 978-7-5581-9601-0

　Ⅰ.①围… Ⅱ.①李… Ⅲ.①官子（围棋）Ⅳ.①G891.3

中国版本图书馆 CIP 数据核字（2020）第 270013 号

前　言

传说我国上古时期著名仁君尧帝娶了妻子宜氏，妻子生下一个儿子取名丹朱。丹朱从小性情乖戾，长大后不务正业。尧帝为儿子担心不已，就前往汾水询问仙人蒲伊，拜求仙人教授自己管教儿子的方法。

尧帝来到汾水河畔，看见有个老者坐在桧树下，用小木棍在沙地上画格子，还将黑、白小石子排列在格子中，很像是在摆弄阵图。尧帝料定老者就是蒲伊，就上前请教管教儿子的方法。蒲伊笑着说："大王的儿子非常聪明，而且喜欢与人争斗。大王应当投其所好，挖掘他的潜力，培养他的性情。"

尧帝说："还请先生教我具体方法！"

蒲伊指了指沙地上的黑、白小石子说："奥妙就在其中！"说完，蒲伊笑着离开了。

尧帝望着沙地上的黑、白小石子，开始用心思考，终于领悟出其中的奥妙。他回家后，就用文桑木做了棋盘，用犀牛角和象牙做了棋子。做成之后，棋盘、棋子看起来光彩夺目，不同凡响。

丹朱果然被独特的棋盘、棋子吸引，从此钻研围棋，并从中悟出了许多治国之道，后来成了尧帝很好的助手。

这就是关于围棋由来的传说。围棋蕴含着古代哲学中一元生两仪、两仪生四象、四象生八卦、天圆地方等含义，变化丰富，意蕴深远，魅力无穷，有着极为丰富的文化内涵。

围棋棋盘是标准正方形，由纵、横各19道线垂直、均匀相交而成，构成一幅对称、简洁而又完美的几何图形，有种浑然一体和茫然无际的气势，看着棋盘就如同仰视浩瀚苍天和俯瞰辽阔大地。

围棋对局好似整个世界只留下两位棋手，在广阔宇宙之中，把各自的智慧、勇气和毅力都尽情释放了出来。双方端坐棋盘两端，品着清茶，摇着鹅毛扇，不动一刀一枪，不流一滴血，没有一句争吵，却进行着生死较量，真是最为温情、最为阴柔、最为奇妙的了。

围棋作为我国传统文化的重要组成部分，它与太极阴阳及《易经》都相通。特别是围棋从黑、白两种棋子的排列组合中，演绎出一系列变化莫测的方阵化境。在小小的棋盘之上，从始至终都是错落有致的黑白图案，就如同一幅太极阴阳图在流转，奥妙无穷。在这变化中，可以看出运动、和谐、对称和有序的艺术，可以感受到舒缓、抑扬、狂肆的节奏。所以有人说，围棋是太极原理最直接和最形象的一种现实模型，同时也是一个微型宇宙模型，内涵无限。

小小围棋，具有休闲娱乐和游戏益智之功效，并以其特殊形式和独到品位深受现代人喜爱。各种各样的围棋活动尽展魅力，不仅可以休闲娱乐，还可以修身养性、陶冶情操、开发智力。为此，我们根据围棋基本特点、最新发展和初学者的接受能力，特别推出了"围棋从入门到实战高手"系列图书，系统介绍了围棋的基础知识、死活棋形、劫的知识、基本定式、基本布局、中盘战术、官子阶段和名局欣赏等内容，科学实用，通俗易懂，图文并茂，非常适合广大围棋爱好者入门学习和技艺提高。总之，拥有本套书，你就有了围棋方面的良师益友。

目　录

第一章　劫的知识

01　劫的定义 002

02　单劫 004

03　生死劫 006

04　无忧劫 008

05　紧气劫 009

06　缓气劫 010

07　两手劫 012

08　连环劫 014

09　三劫局 016

10　万年劫 018

11　长生劫 021

12　劫活 023

13　劫杀 025

14　借劫出棋 028

15　先手劫和后手劫 030

第二章　收官知识

01 收官基础 034
02 官子的价值 035
03 收官注意事项 042

第三章　官子种类

01 双方先手官子 048
02 双方后手官子 053
03 单方先手官子 056
04 逆收官子的原则 061

第四章　收官方法

01 扳接 070
02 立 078
03 飞 084
04 尖 092
05 夹 095
06 托 102
07 点 108
08 跳 115
09 靠 119

第五章　官子手筋

- *01* 基本型一 122
- *02* 基本型二 123
- *03* 基本型三 124
- *04* 基本型四 125
- *05* 基本型五 126
- *06* 基本型六 127
- *07* 基本型七 128
- *08* 基本型八 129
- *09* 基本型九 130
- *10* 基本型十 131
- *11* 基本型十一 132
- *12* 基本型十二 133
- *13* 基本型十三 135

第六章　收官技巧

- *01* 第一型 140
- *02* 第二型 141
- *03* 第三型 142
- *04* 第四型 143
- *05* 第五型 144
- *06* 第六型 145
- *07* 第七型 146

08	第八型	147
09	第九型	148
10	第十型	149
11	第十一型	150
12	第十二型	151
13	第十三型	152
14	第十四型	153

第七章　收官计算

01	官子的目数	156
02	官子计算方法	157
03	官子的后续利益	166
04	官子的次序	173
05	终局的计算	181

第一章　劫的知识

"劫"也称"打劫",指在提掉对方一颗子之后,己方所落之子即使仅剩一气,对方也不能立即落子提回,必须要在其他地方落子,等到下一手才能提这颗子。

01　劫的定义

"劫"也称"打劫""劫争""争劫"。对局双方从开劫、提劫、找劫、应劫、再提劫,直至劫最后解消的整个过程,均可概括称为"打劫"。

围棋的对局有一个与众不同的要求,那就是棋局结束一定要双方同意才算真正终结。因此,有禁着的限制,就是避免有一方赖皮,故意拖延时间以自尽来阻碍棋局的进行。

但是,还有另外一种情形同样会令棋局无法进行,那就是反复提取棋子。因此在围棋的规则中,把棋子的反复提取称为"劫",让我们先来看看具体什么是劫。

图1-1(1)白1下后,造成对方黑△气尽,可以把黑△子提取。

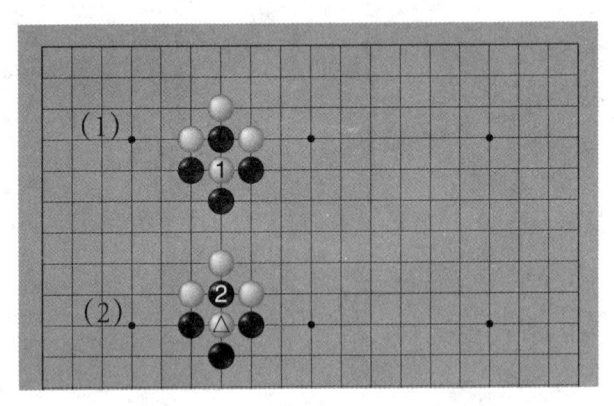

图1-1

(2)此时黑不能再下在2位提取掉白△,否则棋局将永远都无法结束。

图1-2 白1下后，造成双方气尽，可以把黑子提取。

图1-3 此时黑可以下在2位提取白四子，因为提取后，棋面已经产生了新的变化，棋局可以继续进行。

对劫的解释，简单地说"一对一的双方气尽"就是劫。因为一对一的双方气尽，会造成反复提取，妨碍棋局进行。如果是提取之后使棋形改变，则对棋局进行没有影响，也就可以不受任何限制。

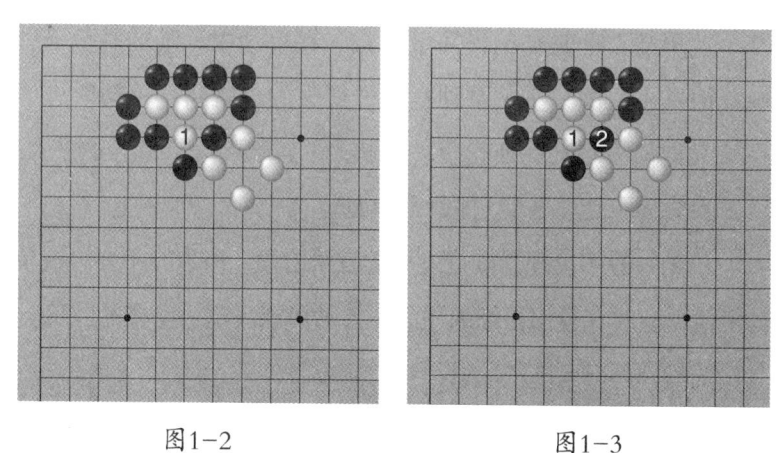

图1-2　　　　　　　图1-3

劫涉及找劫材以及消劫的价值判断，是比较复杂的技术，但是学不会打劫或打劫技术不高，就学不好围棋。如果熟练地掌握好各种打劫的本领，就会觉得打劫是非常有趣的。围棋之所以吸引了许多爱好者，打劫或许是吸引人的主要因素之一吧！

02　单劫

围棋中单提一子的话，如果对方也可以回提，但是不可以马上提，而必须找一个对自己有利的点，迫使对手应付，下一手就可以回提对方一子，这叫"劫"。"劫活"就是只有打赢这个劫，使自己的棋有两眼，如果劫能够活的话，那么，这盘棋便活了一半。

"单劫"便是劫的最简单形式。在单劫中，劫的胜负不影响其他棋子，即只有关系到一个子得失的劫就叫"单劫"。

无论何方粘劫，所得仅一路棋。

图1-4、图1-5黑1提就是单劫。

单劫一般多出现于接近终局的官子阶段。所以，不要轻视单劫价值，有时在盘面很细的局面，单劫可能决定一盘棋的胜负。

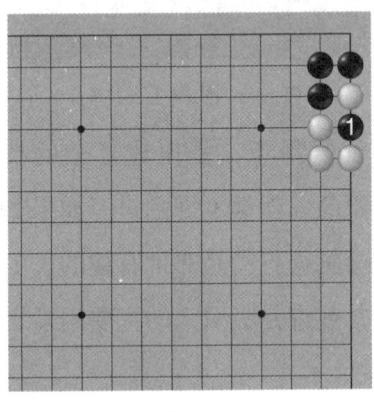

图1-4　　　　　　　　图1-5

图1-6 提子后粘回,两手棋能够获得1目。所以,每手棋的价值不足1目。当棋盘上有1目以上的官子时,就不应该抢收单劫。

图1-7 当棋盘上只剩奇数单官和单劫时,假如黑棋劫材多,那么就可以强行抢单官,然后依靠劫材打胜单劫,从而提升单劫加单官的总价值。此时,白棋无劫材时,只能停一手,就等于损失1目。

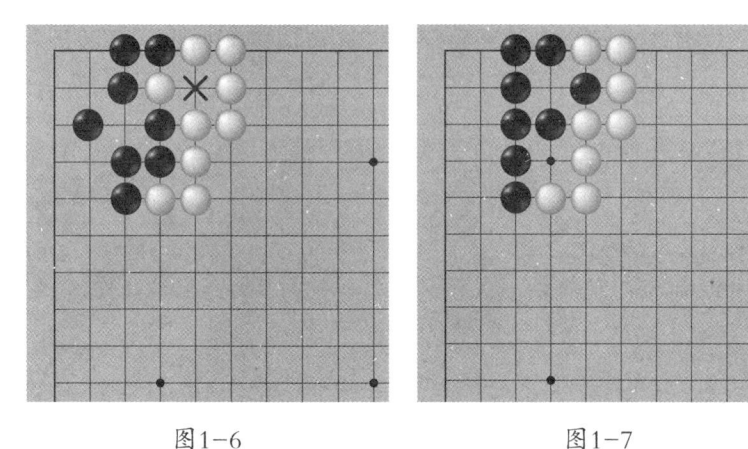

图1-6　　　　　　　　图1-7

总之,单劫是围棋中价值最小的官子,也是价值最小的劫争,只有把最基本的单劫搞明白了,才有成为打劫高手的可能性,因此,千万不要小瞧单劫!

我们还应该要学会计算单劫官子的大小,如果明白了,以后触及更深层次的打劫价值计算,就会游刃有余了。

03　生死劫

能影响到双方多个子的得失，同时对全盘的胜负起重大作用的大劫，就叫"生死劫"，也可以称之为"天下劫"。

图1-8　黑1提，形成生死劫。

图1-9　白如果没有合适的大劫材时，黑3便不顾一切地粘上。这样黑既可以救活两块黑棋，还可以杀死白棋，可谓是一举两得。

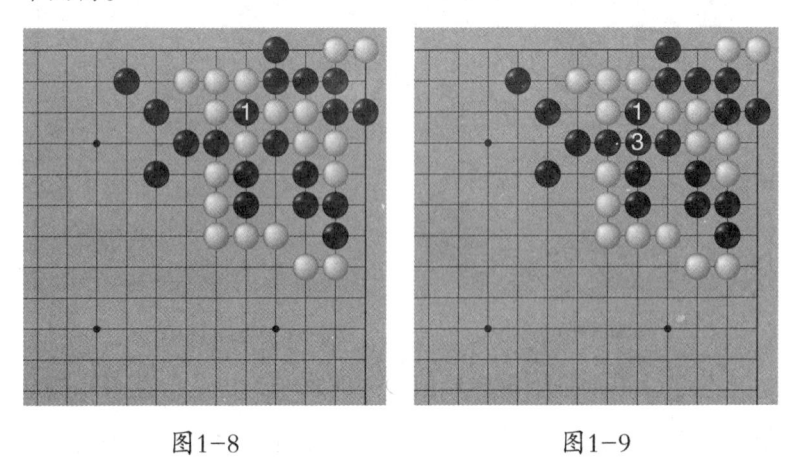

图1-8　　　　　　　图1-9

图1-10　如果白有合适的大劫材，黑就必须在别处应一手，白4便可回提劫了。

图1-11　白提劫后，如果黑没有合适的大劫材时，白6也会不顾一切地粘上。白在救活自己一块棋的同时，还可杀死黑两块棋，白大胜。

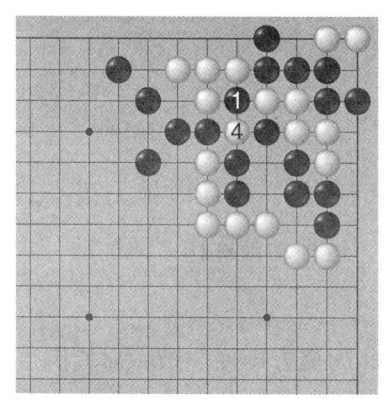

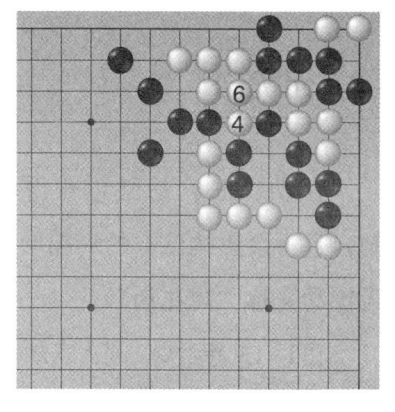

图1-10　　　　　　　　图1-11

从例子中看出，此劫谁胜谁负对于双方来说都有极重大的影响，很可能关系到这盘棋的胜负，所以说此劫是生死劫。

作为生死劫一方，必须要力争取胜，双方都不能输的劫，价值才会最大。如图1-12 黑1提A位的白子，这个劫对黑、白两方来说，都是"生死劫"。

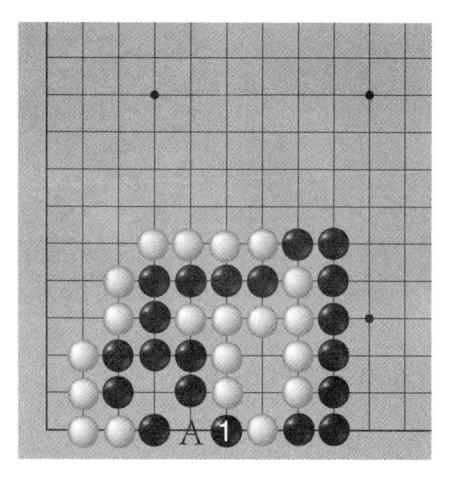

图1-12

04 无忧劫

在劫争时，劫胜可获得一定利益，而劫败损失很小的劫，且不会影响己方的周围形势，这种劫被称作"无忧劫"。无忧劫又称"观花劫"。

图1-13 黑1关，至A成劫。此劫黑方即使失败，对周围也并无影响。（白2=白8，A=黑5=黑11。）

图1-14 黑1提，形成打劫。黑如劫胜，可吃掉白五个子；如劫负，也只是让白救走自己的子，影响不到自身。所以此劫对黑来说就是无忧劫。

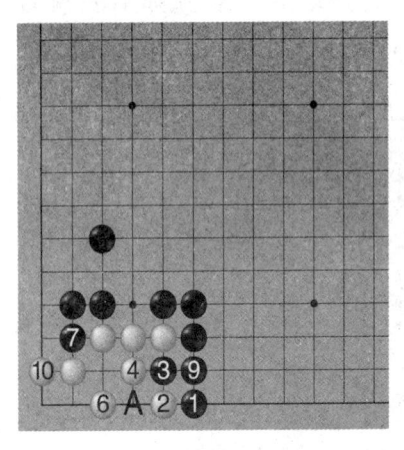

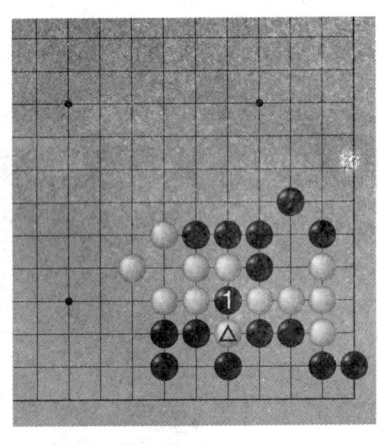

图1-13

图1-14

05　紧气劫

劫争是一方提劫后即成为打吃的状态，就是"紧劫"，也叫作"紧气劫""一手劫"。这也就是通常被称作"打劫"的"劫争"，提劫以后再花一手棋即可以劫胜。

图1-15　黑1提劫，同时打吃对方的五个子，这样的劫就叫"紧气劫"。

图1-16　黑1提白△一子，下一子于A位提即可劫胜。同理，当白△位提以后，下一手再于B位提即可劫胜，这也为紧气劫。

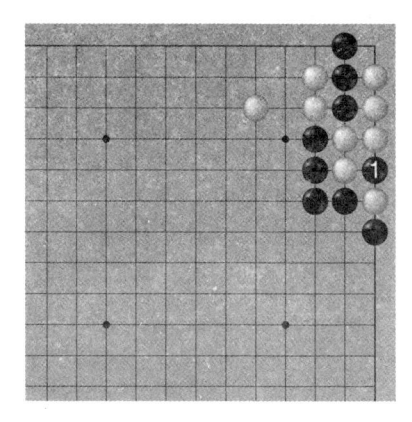

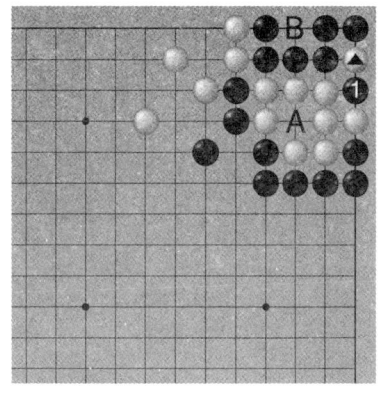

图1-15　　　　　　　　图1-16

劫争本就是围棋技艺中一个重要的组成部分，在死活问题中，劫争形式尤为重要，而在劫争中真正能发生效力的就是"紧气劫"。

06 缓气劫

提劫后还需要再紧气才能够打吃对方棋的劫,就叫作"缓气劫"。

图1-17 黑1提劫,下方六个黑子由一口气变为两口气,所以此劫对黑棋来说就叫缓气劫。

缓气劫争,是指提劫以后必须先紧气,使之成为紧劫的状态后,才能够一手棋劫胜。

图1-18 黑1提劫以后,并未处于叫吃的状态,因此,还必须先于A位紧气,再提劫才能是紧劫,这样的劫也叫作"缓一气劫"。

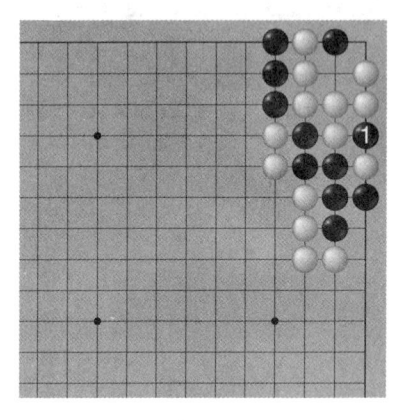

图1-17

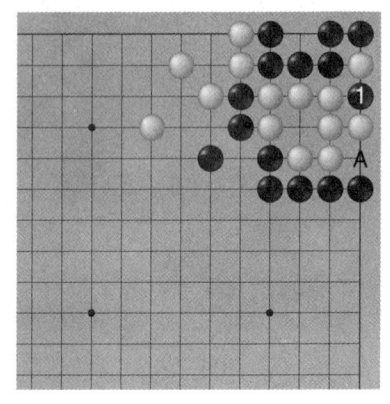

图1-18

图1-19 黑1在提劫后,尚需A位、B位紧两气才能够成为紧劫,而这样的劫叫作"缓两气劫"。

图1-20 黑1提劫后，需在A位、B位和C位紧三气才能成为紧劫，这样的劫叫作"缓三气劫"。

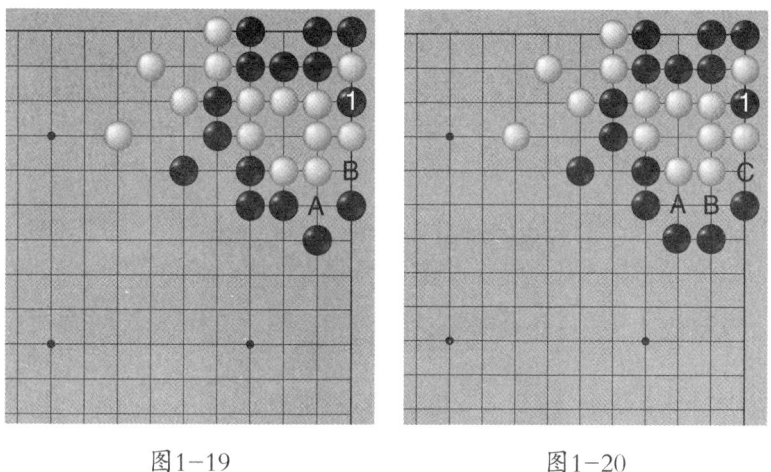

图1-19　　　　　　　　图1-20

但是，在劫争中真正能发生效力的其实还是紧劫，即为"一手劫"。缓一气劫如要打胜就得让对方在其他地方连续下三手棋，在这里，我们务必体会连续三手的意义。

那么，缓二气劫如要打胜，就得让对方连续下四手棋，但在实战中，这几乎是不可能的。

至于"缓三气劫"，则是相当于对方在别处连续下五个子，即使劫胜其实也已经没有实际意义了，因为它抵不过对方在别处获得的利益，所以棋谚有云：

"缓三气不是劫。"

07 两手劫

"两手劫"也称"连劫"。需要连续提取两个劫之后，再下一着，才能吃净对方棋子。这种劫称为"两手劫"，如图1-21。

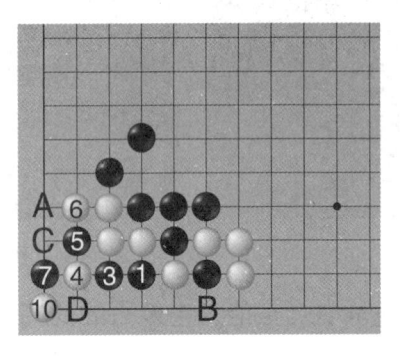

图1-21

图1-22 黑白双方处于对攻状态，如果黑先下在A位，或白先下在B位都会形成劫争。但是，若白先下在A位，或黑先下在B位则都形成双活。

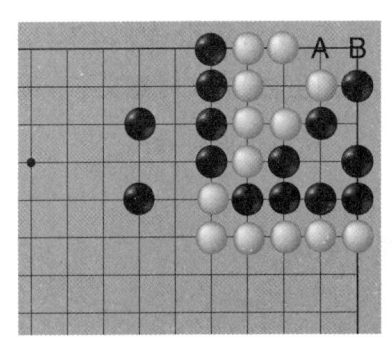

图1-22

在优势场合下无须挑起纷争，顺势下成双活即可，而劣势的场合下则需要挑起劫争，以争胜负。

图1-23白1抛劫，挑起劫争，黑2提劫，是为先手劫。

图1-24白1提劫后，即使再白3提，也未必消此劫，还需白5再提，如此才能解消此劫。而这其实就是一种和缓气劫性质有相同之处的劫。

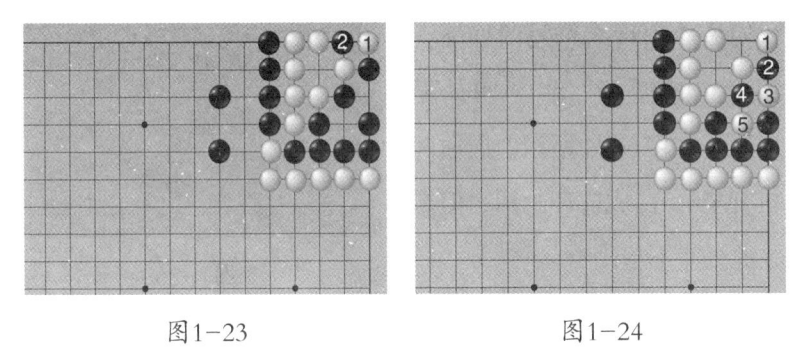

图1-23　　　　　　　图1-24

图1-25　黑1提劫，若要劫胜同样要三手棋，也就是A位后，还须B位提。这样的劫，就叫作两手劫。

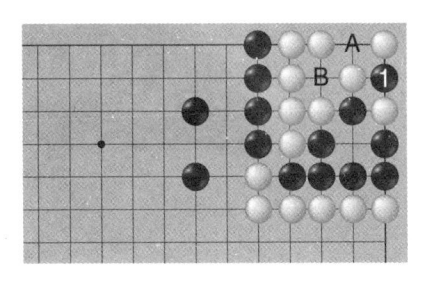

图1-25

对于两手劫，劫胜一方往往付出代价较大，就全局而言常常反而不利。因此与紧劫相比，两手劫价值实际要小很多。

08 连环劫

"连环劫",也称"摇橹劫",古称"舞剑劫"。有时也作"循环劫"的另称,指围棋对弈中出现多个劫的局面,如"三劫循环"和"四劫循环"。如图1-26所示,黑白两棋行至6,白成连环劫活,但黑在此处有不尽劫材。

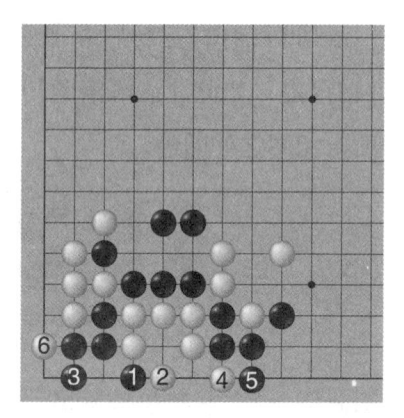

图1-26

例一

图1-27 此棋形中黑白双方各占一只眼,而它们之间又存有两个劫,它们之间的对攻结果会怎样呢?

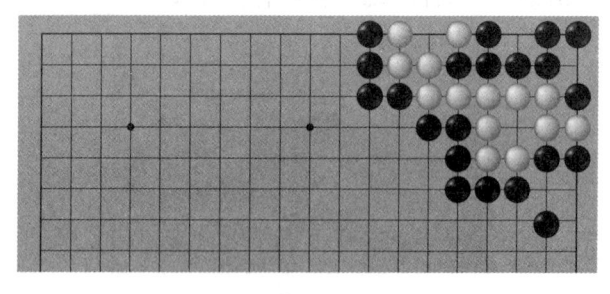

图1-27

图1-28 黑1提劫时,白2提另一个劫,双方都无法杀死对手。同样,白棋先提时,黑棋可以再提另一个劫。这样的劫就是连环劫。

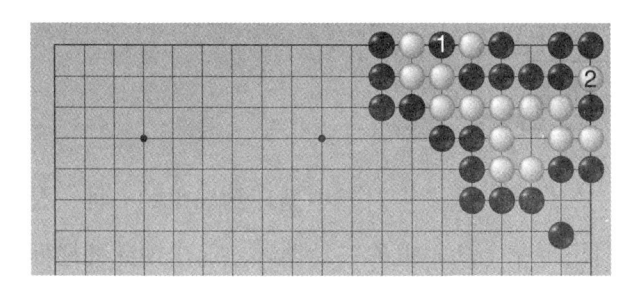

图1-28

出现这种情况时,黑棋和白棋双方都是活棋。故又称它为"双活连环劫"。

例二

图1-29的情况与图1-28有所不同,虽然也是两个劫,但一个存在于双方之间,而另一个则只与白棋有关。

图1-30 黑1提劫,白2提双方之间的劫时,即马上打吃角内黑棋,就算黑棋找劫后提白2一子,白只要提起黑1一子便可,如此循环往复,黑棋永远都不可能打胜劫,最后必是白棋取胜。而这样的劫,就叫作单方胜的连环劫,也可以叫作连环劫白胜。

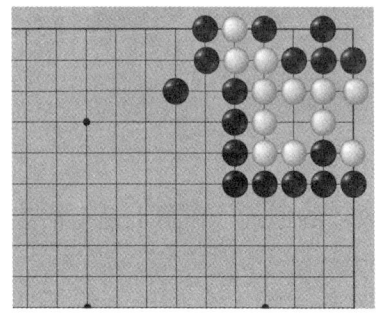

图1-29 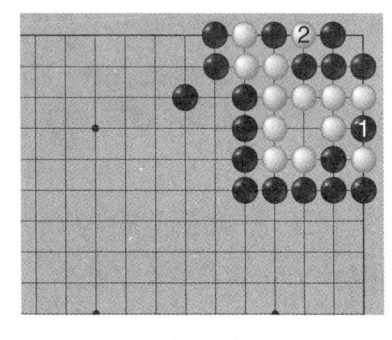　　　　　　　　图1-30

09 三劫局

"三劫局",是围棋对局中循环劫局中的一种,是指对弈盘中同时出现三个劫,也称三劫循环。而出现此种局面一般作和棋论。

图1-31即为三劫局的概述图。

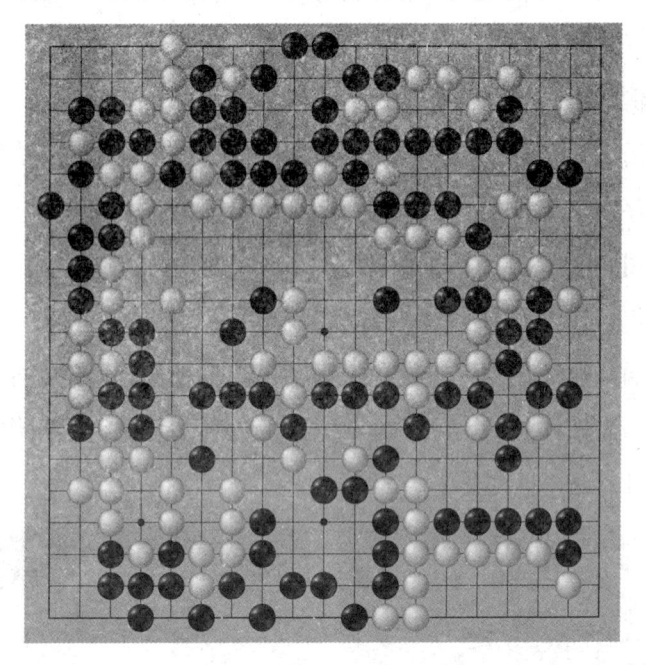

图1-31

图1-32 此棋形是一种三劫循环的形式。在角上是双活连环劫,而上边是一个紧劫。

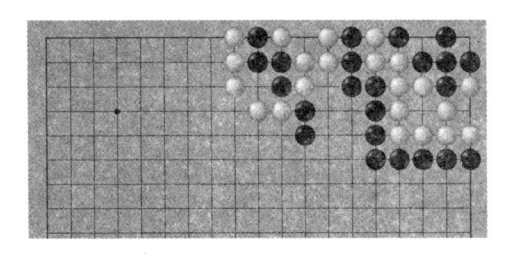

图1-32

图1-33 黑1提劫,白2提,黑3只能提。本来提连环劫毫无意义,但此时白2提却是一个劫材。

图1-34 白4提劫,黑5提,白6也只好提,如此就起到了劫材的作用,但是这样,只能是循环往复永无休止。

所以,围棋规则规定:三劫循环时,如双方各不相让,判作和棋或重下。当然,若是有一方愿意让步,就不会形成无胜负了。

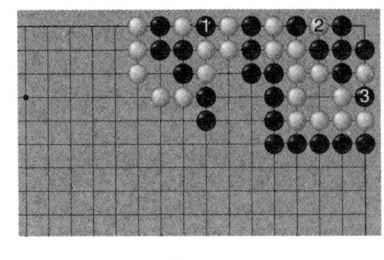

图1-33 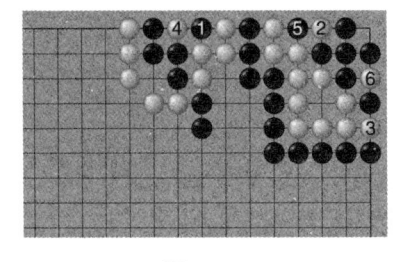　　　　　图1-34

《坐隐谈丛》也有这样的记叙:"日海、利贤对弈,棋势变幻,妙手迭出,最后出现了'三劫'。"

"三劫"这样的棋形,在寻常对局中极难出现,而一旦出现,双方就会达成协议将其作为无胜负的平局,并都为此棋局的出现惊叹连连。

10　万年劫

"万年劫"是一种形式特殊、双方均有顾忌而久悬不决的劫争，往往延至后盘或一方劫材有利时再解决。

万年劫是劫争中最麻烦的一种劫，但是在实战中也出现得最多。如果对万年劫缺乏了解，就会在不知不觉中中招导致损失。

图1-35 棋形，俗称"紧带钩"，是典型的万年劫原型。

图1-36 黑1夹，以下至白6立，即形成万年劫。此时若白6于A位打，黑B位提可形成紧劫，而这是一种自杀行为，并非智举。

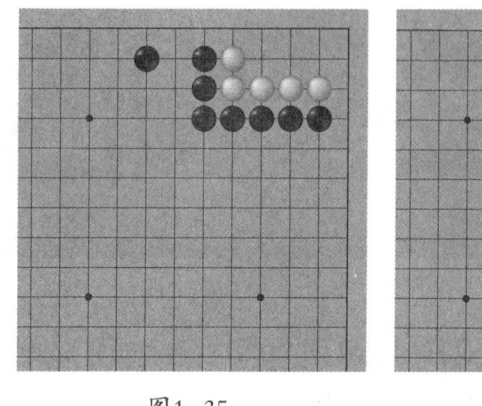

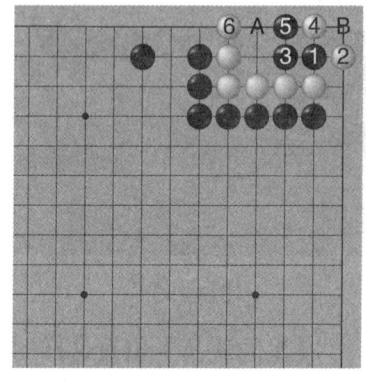

图1-35　　　　　　　图1-36

白6立若能安然不动，等待黑棋挑起劫争，才为上策。

图1-37 黑1、3立紧气是黑棋的权利，白棋不便在这里撞气，因为万年劫与外气有关。

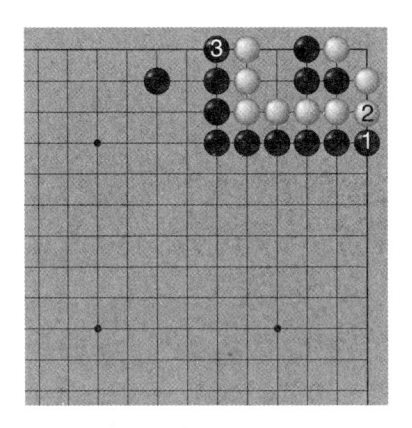

图1-37

图1-38 黑1提劫，想要杀死白棋，则必须A位或B位再紧一气才能形同紧劫，一旦劫败，白角地会变得意外的大。即使劫胜，也是四手棋换来的，可谓是得不偿失。

图1-39 若黑1粘，则可形成双活。

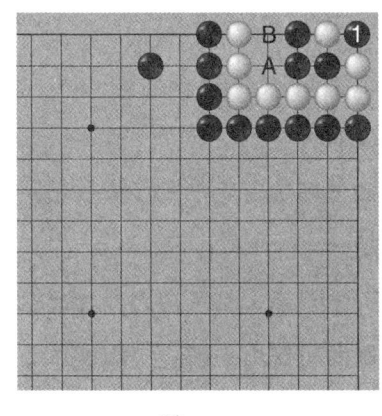

图1-38 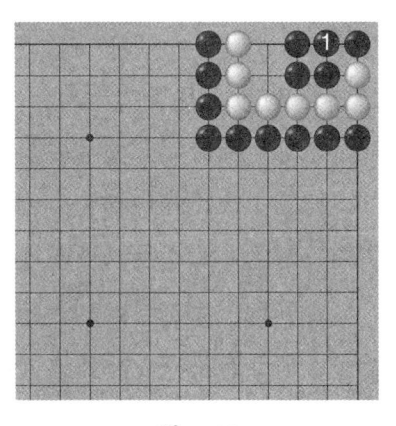　　　　　　　图1-39

对黑棋来说，在形势相对有利时，可以选择双活；形势不利时，亦可以选择打劫，这是黑棋应有的权利。因此，白棋需要时刻注意劫材的问题。

图1-40 白棋在外面有许多气，这样的话，白棋基本上是净活。白1接，黑2提，白棋可以在任何自己认为适当的时机提黑2一子，形成"胀死牛"而活棋。当然，黑棋还是留有双活的机会。

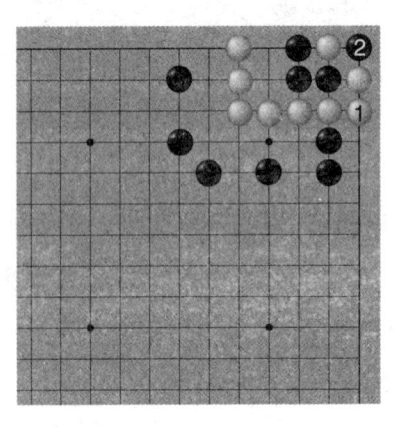

图1-40

所以说，万年劫与外气有很大的关系。在研究万年劫时，我们只需考虑外围气紧的情况即可。

总之，无论黑白哪一方选择劫争解决万年劫时，都要慎重为之，因为这实在是一个难打的劫。

而作为一个难打的劫，任何一方自然也都不会轻易地挑起劫争，所以总是把它放到临近终局的时候再来解决，因此才有了万年劫之称的由来。

但是，只要出现万年劫，终局时都会有许多微妙之处，而这一点就需要我们务必注意了。

11 长生劫

"长生劫"是围棋中一个很特殊的棋形。它虽不是普通劫的形式,但又有一丝劫的味道,具有劫的同形反复的特性。如果对局双方互不退让,就会形成循环往复的结果,因此又被称为长生劫。

在死活问题中,"长生劫"占有一个极为特殊的位置。在如今,国际的最新围棋规则规定长生劫必须由一方变着,长生劫已经成为过去。不过,老的规则依然没有修改。下面就让我们来具体了解一下:

图1-41 就是长生劫的基本型。

图1-42 白1扑时,若黑棋随手A位提,则白B位形成"刀把五",黑棋将被杀。

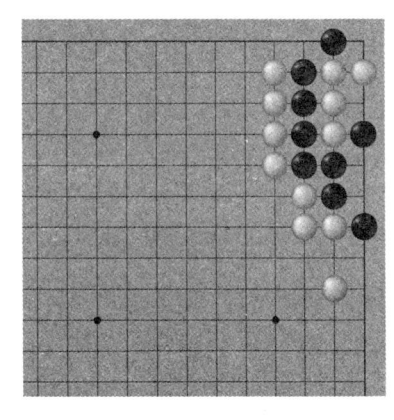

图1-41 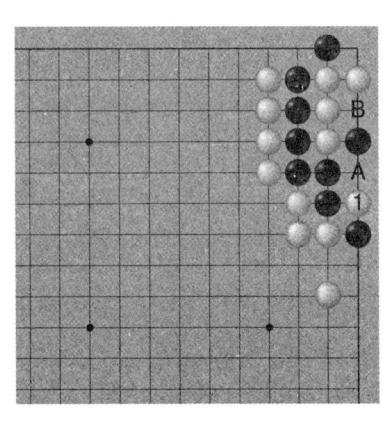　　　　　　图1-42

图1-43 黑1入气送吃了二子,绝妙!白棋毫无办法,不然黑棋提白四子成弯四活棋。因此,白2只得提了。

图1-44 黑A位提二子,则会再次还原成图1-41基本图,如此一来,黑白双方将变成无限的同形循环反复,永无休止。如果黑白双方互不相让,按规则判为和棋或重下。

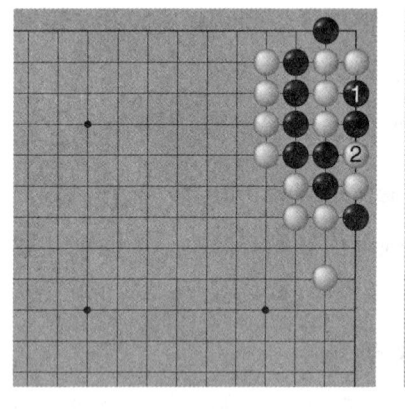

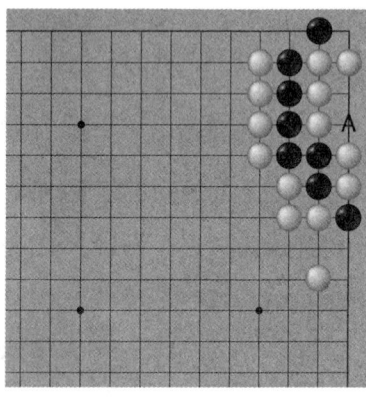

图1-43　　　　　　　图1-44

长生劫在围棋对局中极为罕见,迄今为止,正式的职业比赛中也仅出现了三例而已。如果能够在实战中下出长生之型,棋手都会觉得是自己的荣耀,而对于棋界而言,这也不失为一件雅事。

12 劫活

"劫活"也称"打劫活"。与"劫杀"相对。被包围的若干子,必须依靠打劫取胜才能成活,称为"劫活"。

劫活就是只有打赢这个劫,使自己的棋有两眼,劫活了就等于说是整盘棋活了一半。

当你的棋不能无条件活,你就应考虑一下是否可以运用打劫来扩大眼位而活棋。

图1-45 当白1打时,如果黑2老实地粘上,白3长,黑因没有两个眼而死。

图1-46 此时黑2挡才是正着,用打劫的方式来争取做活。

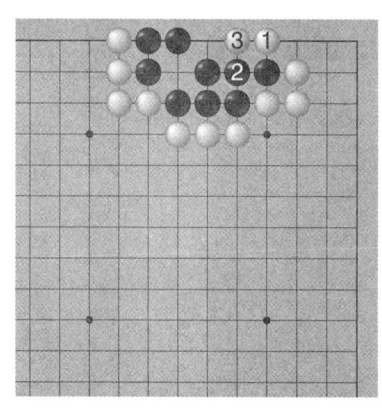

图1-45 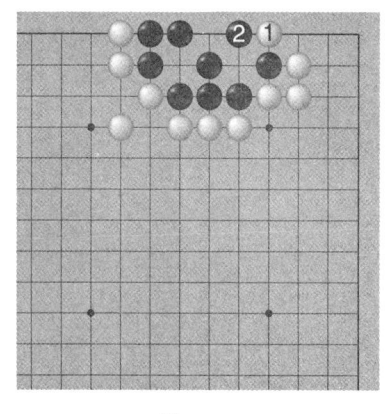　　　　　　　图1-46

图1-47 此时白活棋的唯一方法就是虎,黑如A位打,则白B位挡做劫。白先走A位或B位均不行,因黑可在白1处点。

图1-48 走成此形时，黑先走能活吗？

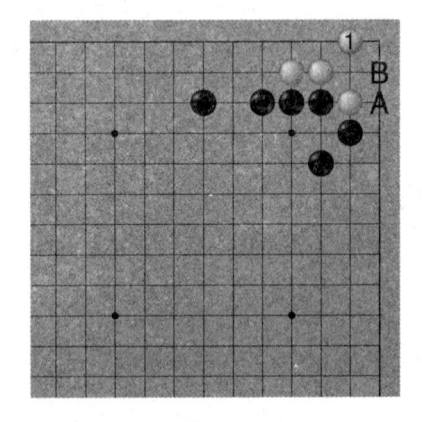

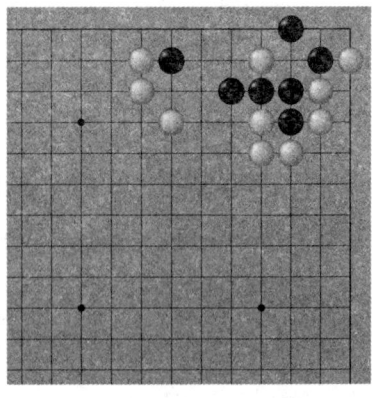

图1-47　　　　　　　　图1-48

图1-49 黑1扑才是正着，白不能在A位接，否则黑在C位继续打，同样是打劫，白将遭受更大的损失，即使白走B位切断黑棋也是劫争。

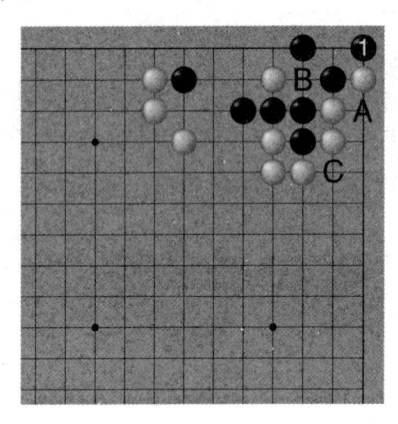

图1-49

13 劫杀

利用打劫来杀对方的棋就叫"劫杀"。

当你不能无所付出杀死对方的棋时,你就要设法利用打劫来杀死对方。

图1-50 黑先手在握,有办法杀死白棋吗?黑如在A位连,白B立就可做活。这时应该考虑是否可以用打劫来破对方的眼。

图1-51接图1-50黑1在B位扳是强手,白2打吃时,黑3可在一路做劫,这样白将面临被劫杀的可能。

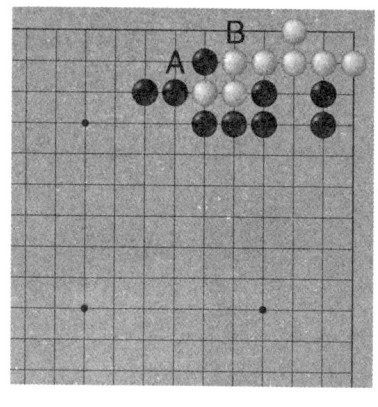

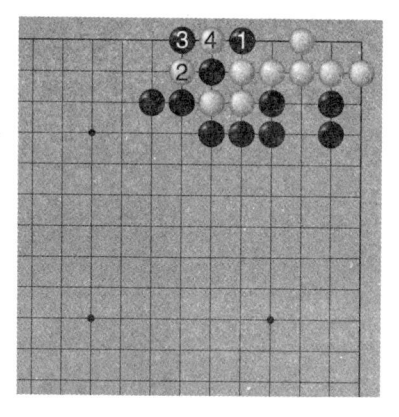

图1-50

图1-51

图1-52 此时白△一子扳是错误的一手棋,如果黑随便在A位打一手,经白B、黑C粘后,白的毛病就没有了。其实黑有妙手可以杀白。

图1-53 黑1尖,瞄着A、B位的打劫才是正着,黑必得A、

B两点中一个。白如A位粘，则黑B扑，白C长、黑D跳形成劫杀。虽然白是缓气劫，但这要比白净活强。

劫杀是属于有条件的杀对方，但也有一种特殊的劫杀可让对方无条件地死。这种特殊的劫杀方式就是连环劫。

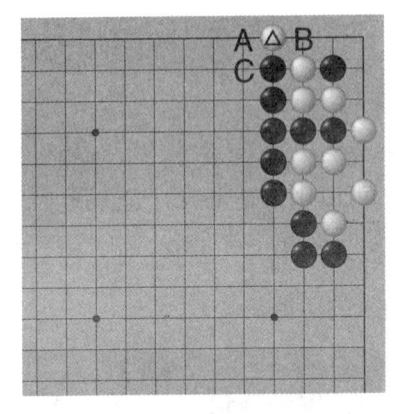

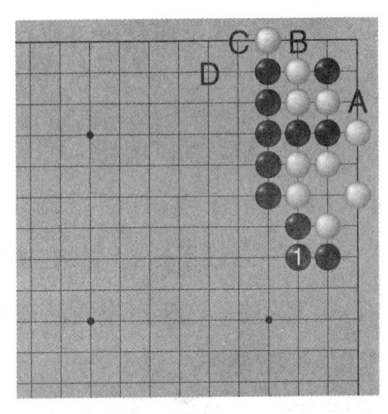

图1-52　　　　　　　　图1-53

图1-54　黑先手在握时，能无条件杀死白。

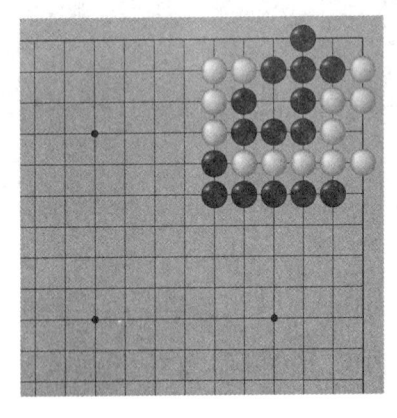

图1-54

图1-55　一般人可能会黑1挡，待白2立下后，黑再考虑是

在A位扑入打劫，还是走B位做成双活。其实这是黑没有想到最好方法。

图1-56 黑1先扳一手才是正着，如白2挡，黑3就紧气。白A提劫时，黑B位扑入打劫，形成连环劫。像这种特殊的打劫，黑可以无条件地吃白。

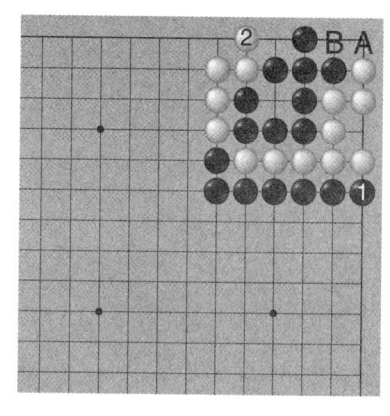

图1-55

图1-56

图1-57 这一例讲的是破眼的连环劫。黑1倒虎是此形要点，白2如做眼，经黑3、白4之后，就形成了黑A和B的连环劫，白无条件死。

不过有一点需要留意：以连环劫吃棋的场合，在其他的打劫出现时，不要忘记对方的劫材是无穷无尽的。

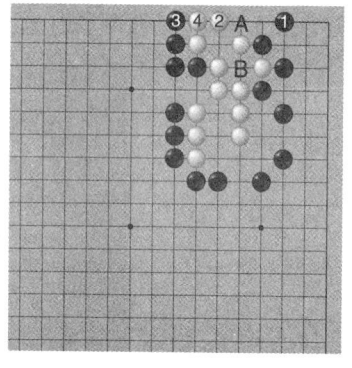

图1-57

14　借劫出棋

有些子被对方围住，在没有完全成为死子之前，可运用打劫的手段把它们救出虎口，这被称为"借劫出棋"。

图1-58 黑两子被围，有没有解救的办法呢?

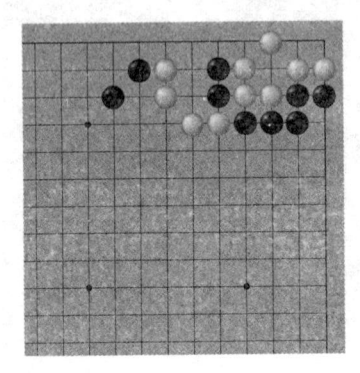

图1-58

图1-59 黑1尖是好手，瞄着2位的打劫，白怕被劫杀，只好在2位连，黑3渡时黑子已被解救回去。

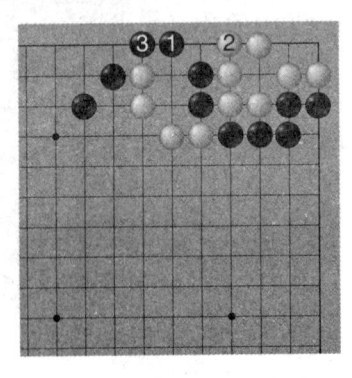

图1-59

图1-60 白两子被围,似乎已死,但是,白棋可运用打劫使黑棋很难吃掉它。

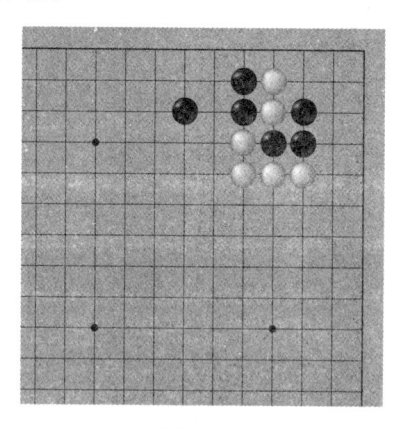

图1-60

图1-61 白1曲,黑2扳时,白有3、5、7的做劫手段,虽是两手劫,但黑很难应付。

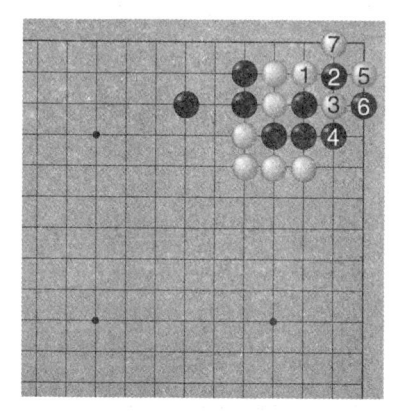

图1-61

15　先手劫和后手劫

在形成劫的状态时，首先轮到提劫的一方，便称其为"先手劫"。

图1-62中黑1扳至A，黑方"先手劫"杀白。

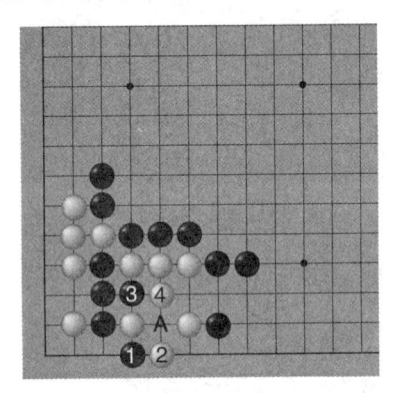

图1-62

必须经过寻找劫材后，才能够提劫的一方，则称其为"后手劫"。

图1-63中黑1夹、3打后，白方整块后手劫活。

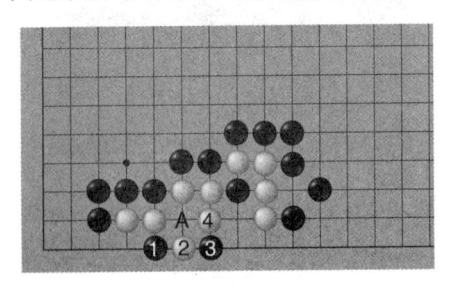

图1-63

从理论上来讲，劫的先后手与官子、劫材等相类似，都是属于实战层面的内容，没有涉及死活的根本，所以一般不用考虑。

不过，在习惯上以及实际的操作中，受传统思维的影响，如果形成先手劫和后手劫的棋形完全相同，有时候还是要区分对错，将后手劫的结果视为失败的。

下面我们来看一个例子：

图1-64 为正解图。黑1扑是好次序，至黑5可以形成黑棋的先手提劫。（黑1＝黑5）

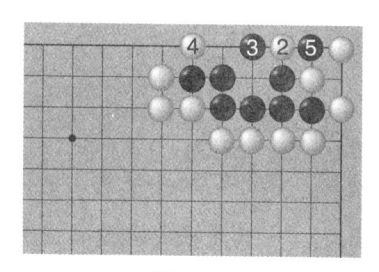

图1-64

图1-65 为失败图。黑1先做眼次序不好，至白4变成了白棋的先手劫。本图与上图的棋形完全相同，但本图的结果是黑棋相当于白白损失了一枚劫材。

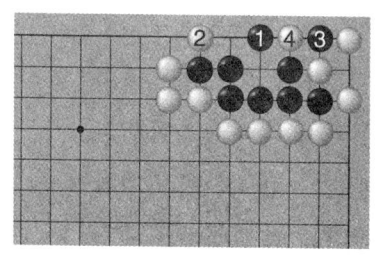

图1-65

趣味链接

南北朝有个县令叫阮简，有天邀请阳子秋下棋。阳子秋行棋稳健，棋路多变。阮简攻杀见长，双方拼杀一起。

这时城南失火，有伙歹徒趁火打劫。此时棋盘纷乱，阮简十分为难。县吏向阮简禀道："大人，劫急，劫急啊！"

阳子秋忙拱手道："大人，此劫何急，还是……"

阮简正色说："急劫不急劫，难道我还分辨不出？"

阳子秋不动声色泄了几步棋，让阮简取胜后去救火了。

围棋口诀

开劫先要看劫材，棋补无劫要注意，打两还一巧妙用。
当心硬腿硬出奇，一只大眼要分清，是死是活规律记。
巧妙利用接不归，勿打有变及时打，两打勿打等时机。
切莫凑着帮围空，切莫凑着帮补棋，小目高挂选定式。

围棋规则

棋不好，寻做劫，扰乱残局找活路。
二路空，可伸腿，底线扳渡有四目。
扳二二，先四目，二路三爬立四目。
终局劫，负争单，粘劫收后多两目。

第二章　收官知识

"收官"又称作"官子",是围棋比赛中三个阶段的最后阶段,指双方经过中盘战斗,地盘及死活已经大致确定之后,确立竞逐边界阶段。收官是决定胜负的最后冲刺。

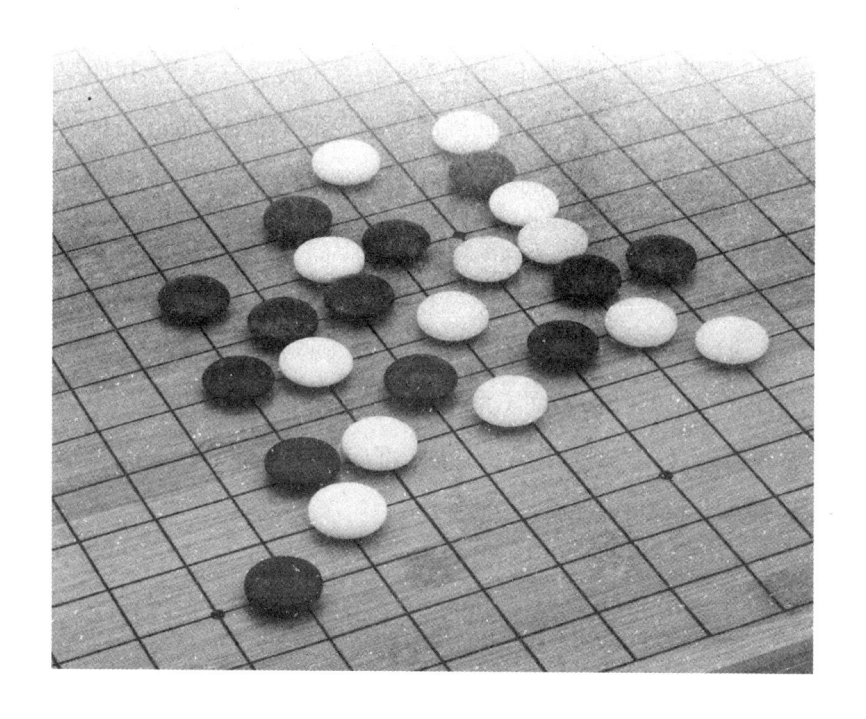

01 收官基础

一局棋经过布局和中盘攻杀的激烈搏斗后,局面上的地域大致围定,还需在双方地域接壤之处相互侵分,区别大小缓急进行着子,做收尾工作,以争取最佳的战果,这就是收官。此时的着子即称为官子。

收官和布局、中盘一样,最终的目的都是在于多围空和破空,只是收官在规模上更小。在收官阶段,双方对空的争夺一般都集中在十几目、几目,甚至是一目、半目的得失上。

收官关系全局的胜负,因此丝毫不能疏忽。收官处理得好可能会反败为胜,处理不当则会前功尽弃或功亏一篑。我们要知道,在棋局几近尾声时,回旋的余地一般都很小,而收官的成败,就决定着我们前面的布局和中盘取得的成果,是否能够得到丰硕的回报。

所谓"官",本意是指各当其任而无差错。引申到围棋术语使用"收官""官子",是强调不出差错,强调走"正着"。正是由于它的严谨与规范,因而不系统学习是很难正确使用的。

所以,对于每一个棋手来说,都应该努力地学习好收官知识,锻炼和提高自己的收官能力。

02 官子的价值

在围棋对局的最后阶段，双方所占地域大体上已经确定，仅剩边缘部分空位，可视作是公有之地，由双方次第收取。此时所下的棋子便谓之"官子"，它起着决定胜负的重要作用。

每一手棋都应该有它本身的价值，同样，官子也有其自身的价值。

图2-1 黑1冲，白2挡，黑3抢到最后一个点而结束这里的争夺。在这个过程中，黑共争到2个点。

图2-2 黑1先占这里，白2挡，争夺到此结束。

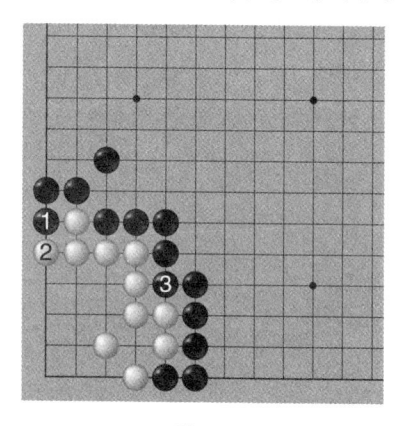

图2-1　　　　　　图2-2

与图2-1相比较，可以发现黑方少占了1个子，这是什么原因造成的呢？

仔细观察一下就能发现，白2挡下后，A位已属白方所有，实际上这一手棋占了两个位置，而黑1仅仅占到本身的位置。所以，2位的价值比1位大。

这种仅仅占据本身位置的官子为单官，把白2这种不仅占据本身位置还占有一个空交叉点的官子称为双官。

单官除了占有本身的位置外，不再具有其他作用。双官还占到像A位这样一个空交叉点，术语称为占到1目棋。

一手棋能占到的目越多，它的价值也就越大。

图2-3 黑1挤，迫使白2接，从而使白角减少一个空格。所以，这手棋的价值为1目。同样，白占1位使角地增加一个空格，故也是1目棋。3位之子则是单官。

图2-4 黑1跳入的价值是4目。这手棋尽管不增加己方的目数，但减少了白角的目数。白2挡与白先于A位挡相比，白的角地相差4目。

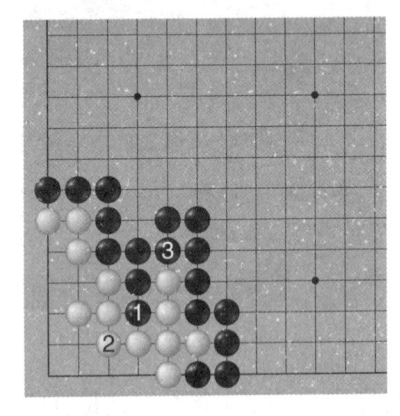

图2-3 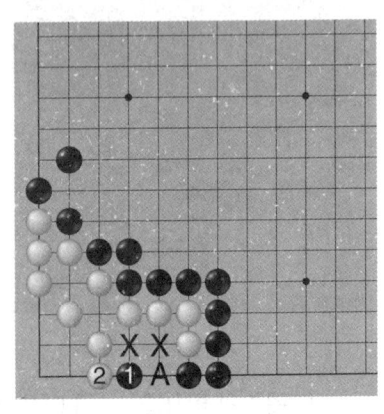　　　　　　　图2-4

图2-5 黑1冲，白2挡，黑3再挤至5，一共是走了三个子。

图2-6 黑1先挤，白2挡，至4补，黑却是只走到两个子。这又是什么原因呢？

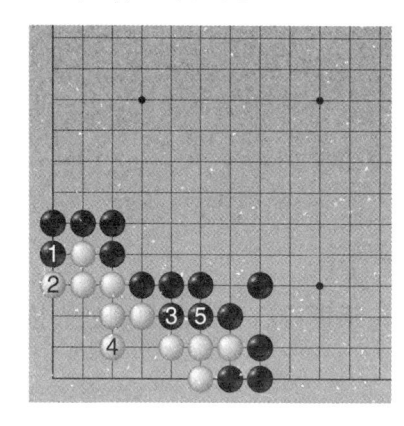

图2-5　　　　　　图2-6

黑1挤，虽能挤掉白方1目棋，但白可不理，而去占2位挡，这样双方各自占到1目。

黑于2位冲，白如果于1位接也争1目，但黑可于A位冲再减少白方1目。这种具有后续手段，而迫使对方必须应的着数称为先手，反之则是后手。所以2位冲是先手1目，而1位挤是后手1目。先抢先手1目，再占后手1目，就能得到2目。

图2-7 黑1扳、3接后，白4不得不补，故黑1、3扳接是

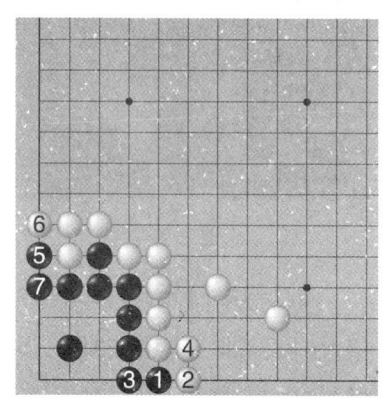

图2-7

先手收官。而白如3位扳、1位接则是后手，两者相比差3目。黑5扳、7接则是后手2目。由于黑先手收官后再走5扳的后手官子，两处共5目官子被黑方全部抢光。若黑先走5扳、7接，则白能走到3位扳，双方各占一处官子，所以收官应先手收官。

图2-8 若轮到白先收官，尽管1位扳和6位扳都是后手，但1位扳比6位扳重要，它防止黑在此先手扳接。黑4扳、6接后，别处尚有官子的话应是白方的权利。白如先于6位扳接，被黑先手于3位扳后，还能到别处去争官子。

图2-9 黑1尖，白2挡。黑3先手扳接后，又能到别处去抢收官子。

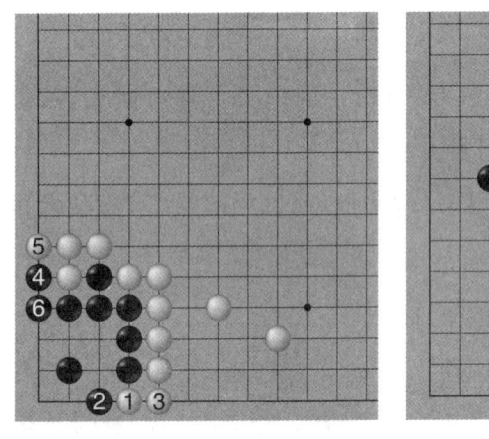

图2-8　　　　　　　图2-9

图2-10 白先占1位尖，至黑6接，同样是先手。两图相比相差6目，即一方增加3目，而且减少对方3目。所以，白1的这手尖是双方先手6目，是一个价值很大的官子。

凡是双方先手的官子，双方都要全力争夺，哪怕只是双方先手1目的小官子，也要尽力争取。

图2-11 黑1立，白2如不补，白角将被杀死，故黑1位是先手收官。

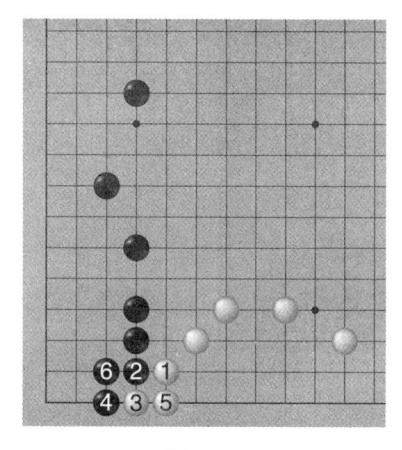

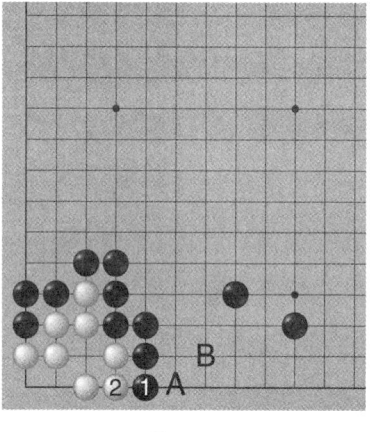

图2-10

图2-11

白如先于1位扳，黑为了保住边地就只得于A位打、B位补，白也是先手。

故这1位的官子是双方先手2目。双方都要在适当的时机把这1位的收官设法抢到手，然而，这种时机的掌握也是一种技术。

图2-12 这是一个二路扳接的官子。黑1扳、3接是后手，但以后5位扳，白6位退后至10接，这也是黑方所拥有的先手权利。

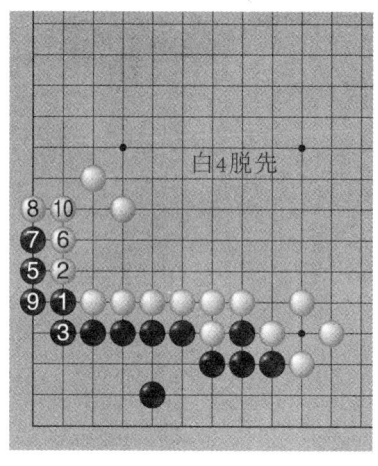

白4脱先

图2-12

图2-13 白1位扳后3接,也是后手,以后5位扳将是白的先手权利。

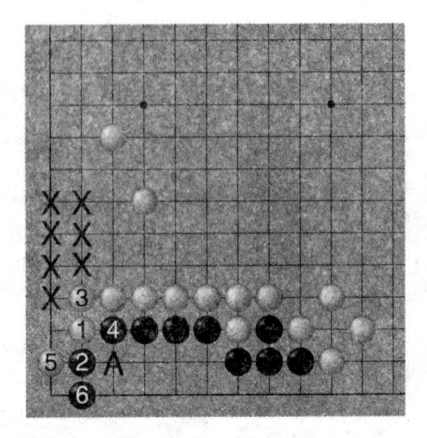

图2-13

两图相比相差13目（×印处）。白增加7目,黑减少6目,所以,这里的扳接,不论黑白都是后手13目。

图2-14 黑1立是后手收官,但以后有3位夹,再7位扳接的先手权利。

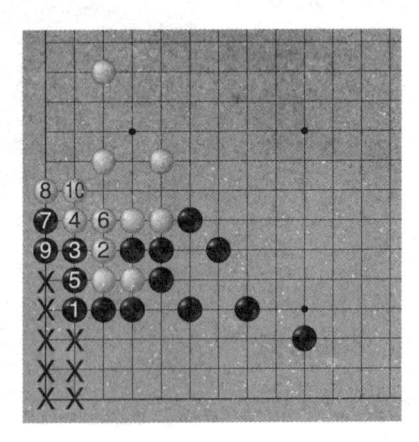

图2-14

图 2-15 白 1 扳接也是后手收官，以后也有 5 位夹的手段。黑 6 只得虎，至白 7 先手打是白的权利。

两图相比相差 19 目，白增加 8 目，黑减少 11 目，这手棋的价值是后手 19 目，这是一个很大的官子。

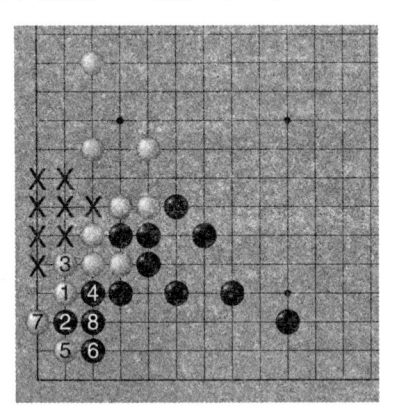

图 2-15

图 2-16 约有 24 目。黑 1 号称官子中的王中王。在序盘阶段，有一手棋的价值。以后黑 A 至白 D 是次序。

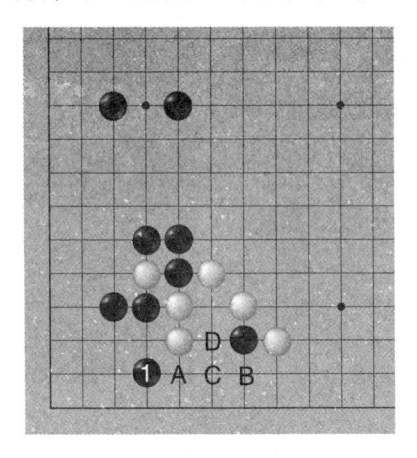

图 2-16

03 收官注意事项

收官时，单方先手官子的权利一般属于先手一方，如果后手一方走到，叫作"逆收"。逆收官子要加倍计算，可以起到逆境取胜的神奇效果。

1.双方先后手

进入收官阶段后，首先要对全局有个基本的了解，在领先和落后的情况下分别确立收官的主导思想。一般说来，领先时应力求稳妥，避免被对方借用和钻空子；落后时则要努力查寻对方易出漏洞之处，尽力多走妙手，力求在变化中求得平衡。

确立了主导思想后，还应注意行棋的次序，一般情况下，先走双方先手官子，再走自己单方先手官子，然后再走后手大官子，依此类推。

2.双方的棋形

在收官时，要注意抓住对方棋形的毛病和弱点，抓住机会破关。同时要时刻注意自己的棋形，使对方无机可乘。请看下面的例子。

图2-17 白棋有毛病，黑棋如何攻击？

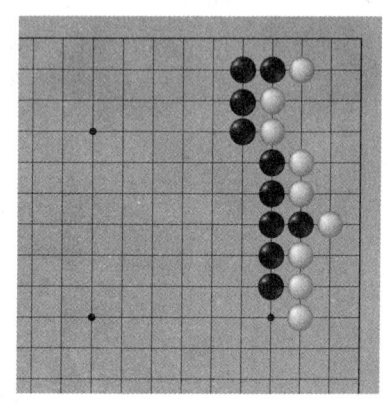

图2-17

图2-18 黑1断严厉，白2以下至黑9止，白A位不能入气，黑吃住白角上两子。黑抓住了白的缺陷，攻击得法。

图2-19 黑1扳俗手，白2长出后一切变化皆无。白虽有缺陷，但黑没有把握住。

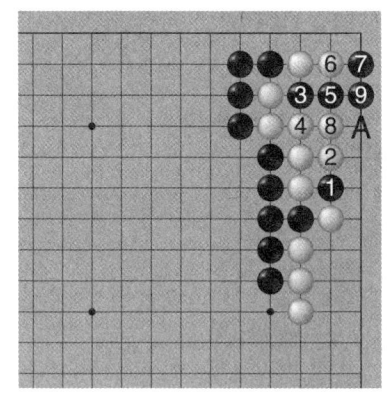

图2-18

图2-19

3.边、角上官子的位置

在收官阶段，边、角上常存有较大的官子。有些初学者往往只是注意吃子，而忽略边、角上的官子，因此常常吃亏。

图2-20 黑1吃掉白方五个子是10目，而白2、4扳粘却有14目。黑贪吃子而损4目。黑5脱先。

4.官子的收气

在官子阶段，要注意一些

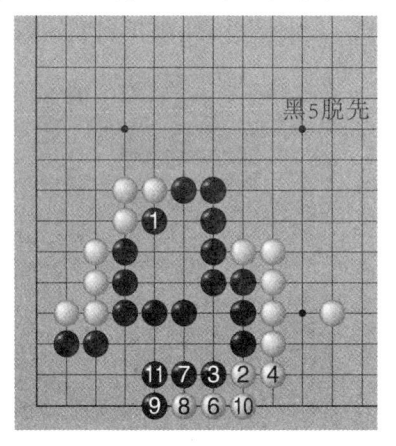

图2-20

紧气吃子或双活的棋,这些棋在中盘阶段往往不急于走,而到官子阶段就要一步步结束了。此时要格外注意,计算好气数,稍有不慎就会导致失败。

图2-21 角上黑棋虽然少一气,但黑1、3扑吃时白如不慎接回,黑再于A位扑,角上成为双活,白大损。

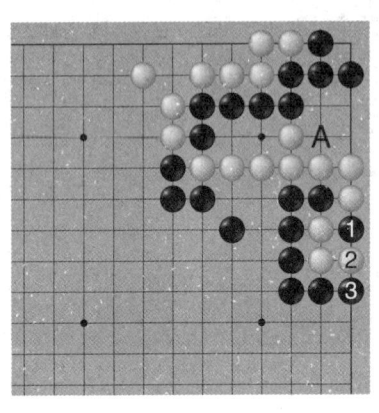

图2-21

5.收官的次序

图2-22 白1破黑1目,次序好。以后白有后续官子手段。

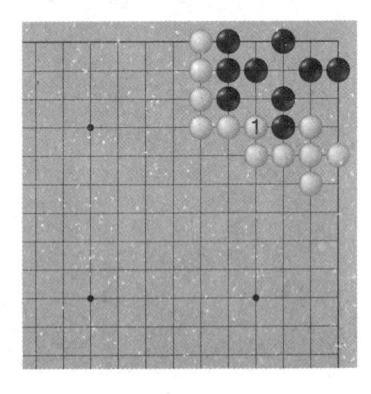

图2-22 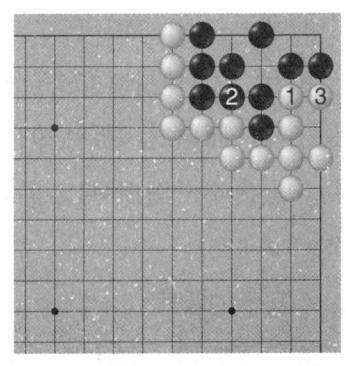　　　　　　　　图2-23

图2-23 白1时，黑防止被打吃，只好走2位，白3又做成了1目。这样，由于次序正确，前图中白1的价值不是1目，而是1又1/2目。

6.局部先后次序

围棋需要全盘观念，官子自然也离不开这个原则，在局部也需要官子点的先后关系，才能正确收官，避免损失。

图2-24 黑如果先收上边的一路扳粘，白则可以于4位虎一手补两断，将来黑A位扳就不是先手了，右边只能按双立来判断官子。

图2-25 黑1先从右边一路扳才是正确次序，白2只有粘。黑再于上面一路先手扳粘掉，白角减至14目上。白2如图2-24位虎，则黑可以在A位追打一手，已经得先手便宜。白虽然可以避免上面一路的黑先手扳粘，但即使按黑5、白3双立来判断，白角仍然是14目。

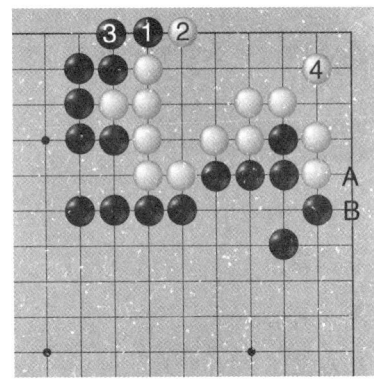

图2-24 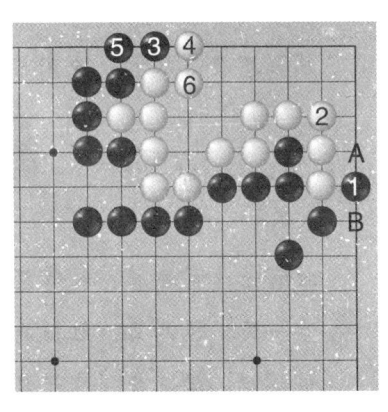 图2-25

趣味链接

在明代末年著名国手过百龄的《官子谱》一书问世之前，查遍我国古代所有围棋著作，均没有出现过"官子"一词。直到该书的书名中才第一次出现"官子"一词。

在"官子"一词出现之前，人们一直用"收著""收尾""残局"等词来表示官子之意。例如：明代后期安徽著名棋手雍皥如的官子功夫很好，当时的棋评家冯元仲在《弈旦评》中就说雍皥如"常因收著取胜"。

围棋口诀

不走废棋不撞气，双单形见定靠单，逢方必点逢镇飞。
七死八活是常识，滚打包收是妙棋，连走三同四要变。
左右同形中为宜，拆逼都是宽处拦，迫敌靠近我活棋。
压强不要去压弱，声东目的在击西，出头舒畅争中腹。

围棋规则

收官子，常测算，收官经常一二路。
空一目，子两目，红提再填是一目。
调整空，劫三分，官子尺寸那样算。
超大官，关输赢，合理布局需要走。

第三章 官子种类

在围棋中，根据先后手情况的各自不同，官子可以分为双方先手官子、单方先手官子、双方后手官子。了解各种官子的不同收法，有利于我们收官时占据更大的优势。

01 双方先手官子

这是指某一局部任何一方走棋都是先手的官子，这是官子中价值最高的一种，是收官的首选目标。

例一

图3-1 黑1扳，白2打吃，黑3粘，白4也要补断，否则黑棋走在4位将会吃掉白2。因此，黑棋得到了先手，又可在别的地方收官。

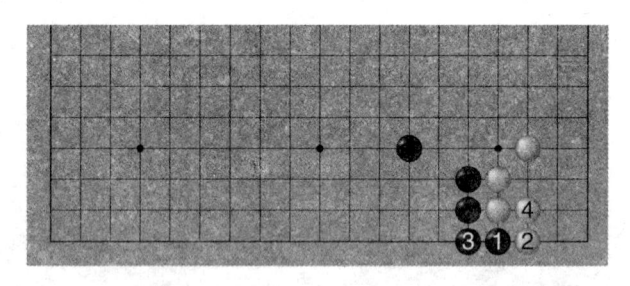

图3-1

图3-2 若白先走，白1扳，黑2打吃，至黑4粘，白棋获得先手。

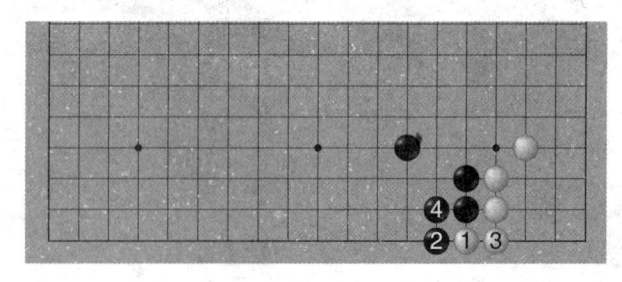

图3-2

例二

图3-3 黑1小尖，白2挡，黑棋先手。

图3-4 白1小尖，黑2也必须挡，白棋得先手。

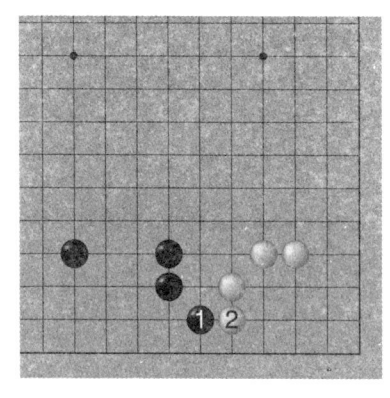

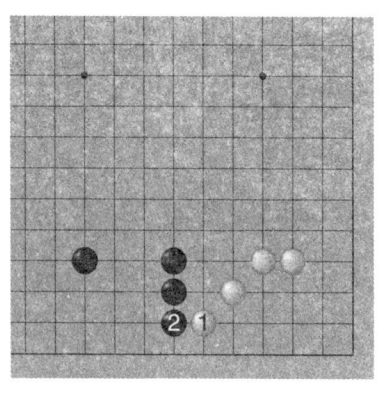

图3-3

图3-4

例三

图3-5 黑1、3扳粘后，白4粘，必须补一手，这是黑方的先手官子。白4若是不补，则图3-6 黑1打后，白棋左边一块棋即已净死。

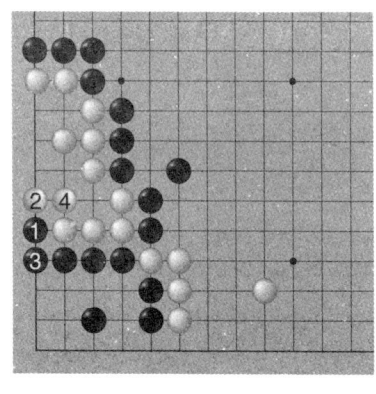

图3-5

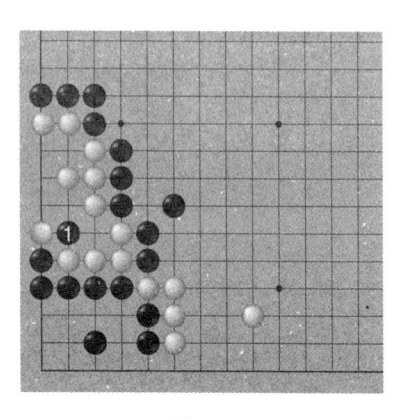

图3-6

再如图3-7 白1、3扳粘后,黑4粘,也必须补一手,这就成为白方的先手官子了。黑4若不补,则如图3-8,白1打后,黑角已被净杀。

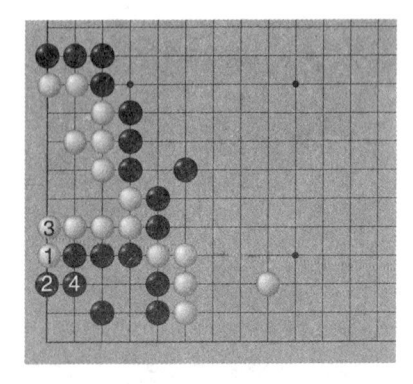

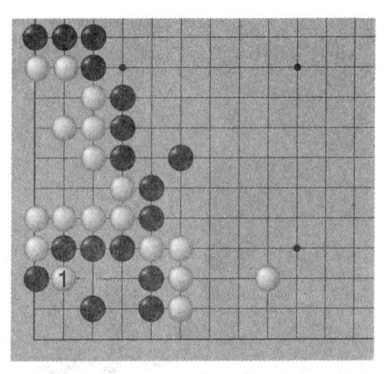

图3-7　　　　　　　　图3-8

如上所示,黑白双方哪方先抢到先手,哪方就得到4目便宜,所以叫双方先手官子。而不应说是关系到双方的死活。

例四

图3-9 黑1尖时,白也不能不应,否则黑于6位跳入,白棋则难以接受。

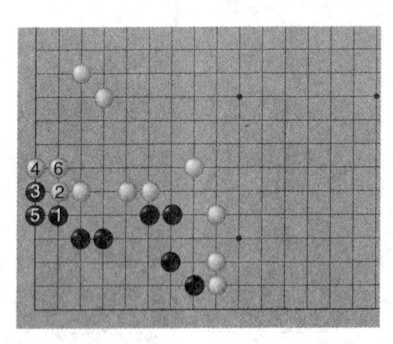

图3-9

而图 3-10 白 1 尖时，黑也不得不应，否则白于 6 位跳入，黑角也将被搜刮得体无完肤。这样的双方先手官子，其价值约为 6 目。

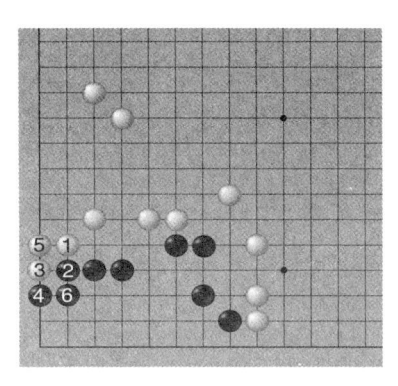

图 3-10

再看一路扳的图 3-11 和图 3-12 均是双方先手官子，其价值也有 8 目之多。

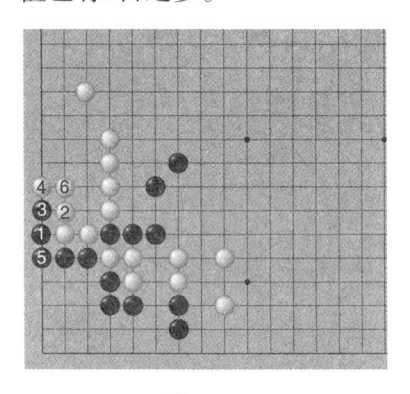

图 3-11 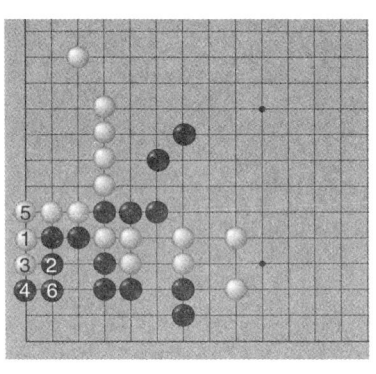　　　　　　　　图 3-12

我国清代著名棋手施襄夏在其所著的《凡遇要处总诀》中指出："彼此均先路必争。"他明确指出了双方先手官子的原则，应是双方必争。

而在双方先手官子中有一个问题很值得注意，即是"见合"在官子中的应用。

图3-13 白1尖是双方先手6目的官子，价值很大，此时如黑2挡，白3尖，仍是先手6目，那么，以下至黑12补止，等于被白方共计占得先手12目的官子，黑方的这种下法没有不失败的道理。

图3-14 白1尖时，黑2亦应尖。这样，白1尖占得一个先手6目官子，而黑2尖也是争占得一个先手6目官子。白若于2位尖，则黑1位尖，正是"见合"收法。

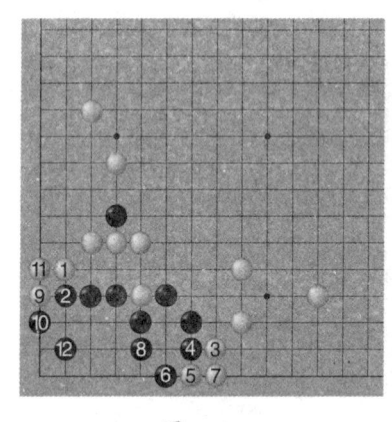

图3-13 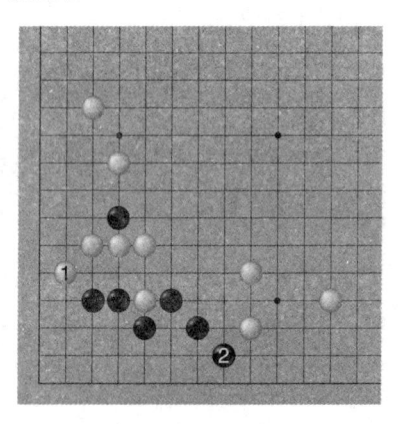　　　　　　　　图3-14

这种官子较之双方后手官子两处"见合"的情况要难得多。然而，一旦掌握之后，对于棋艺水平的提高将大有益处。

02 双方后手官子

双方后手官子,是指无论哪方先走都要落后手的官子。一般是在收完先手官子后才会走。它是三类官子中价值最低的一种官子。

例一

图3-15 黑1扳,白2挡,黑3粘。白棋在此处不必补棋,因为黑棋已是后手。

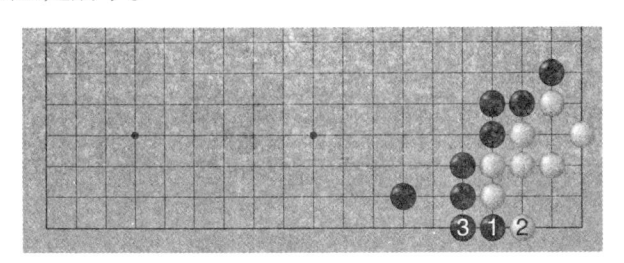

图3-15

图3-16 若白1扳,黑棋也无须补棋,因此,这一官子属于双方后手官子。

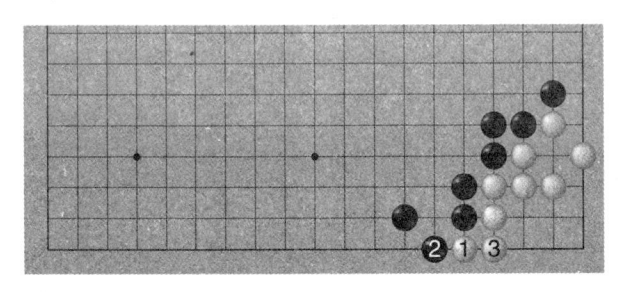

图3-16

例二

图3-17 此棋形,当黑1打吃,白2反打,黑3提子,黑棋是后手。

图3-18 如果是白1粘,救回的一子也是后手。所以为后手官子。

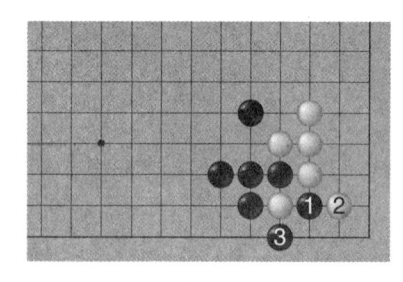

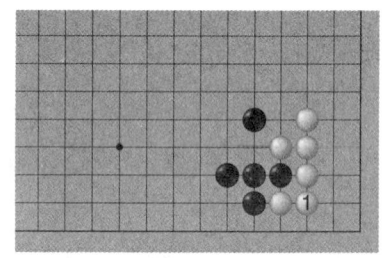

图3-17

图3-18

例三

图3-19 当黑1、3扳粘后,白棋可以不去应,黑方则为后手官子。

图3-20 在白1、3扳粘后,黑棋也可以不应,白方则为后手官子。

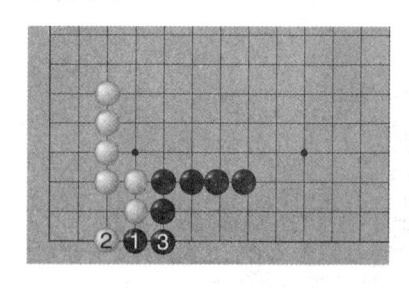

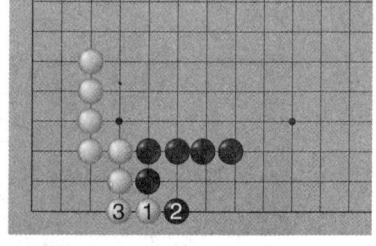

图3-19

图3-20

此时,双方谁下都是后手官子,即双方后手官子。

图3-19 和图3-20 的官子价值是后手2目,价值极小,一般都是在官子最后阶段才会去占这种官子便宜。

图3-21 中黑1、3打拔白三子是后手9目的官子。因为,若图3-22 白1挡,不仅可以避免白△三子被吃,同时还能得白×的3目。所以:

黑下可以增加6目,白下可以增加3目,其总和是9目。

对于双方后手官子的原则应该说是最简单的,也是最容易理解的,即是从大到小。

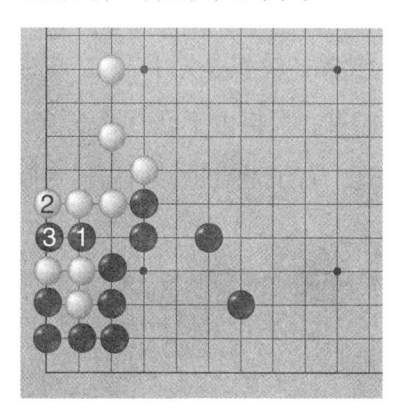

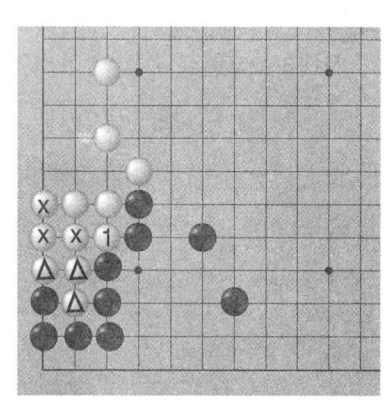

图3-21　　　　　　图3-22

了解了官子的分类,在官子的选择上就有了缓急之分。双方先手官子应该早早抢收,其次是单方先手官子,最后收的是双方后手官子。

03　单方先手官子

由于局部棋形不同，一方走是先手，而另一方走却是后手的官子，称为"单方先手官子"。这类官子一般属于先手方，但后手方有时也会抢占，称为"逆官子"，其价值略小于双方先手官子。

例一

图3-23 黑1、3扳粘，白2、4挡粘，黑棋是先手。

图3-24 白1扳，黑2打吃，白3粘，黑棋由于已有黑△子，形成虎口，不需要补棋。黑棋走这个官子是先手，而白棋走则是后手。因此，这是单方先手官子。

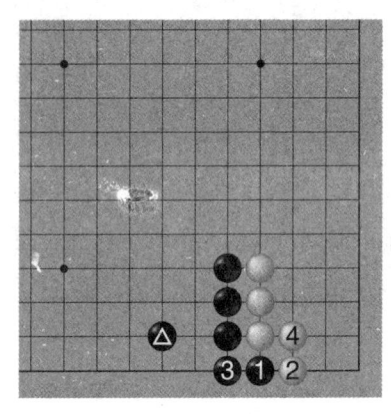

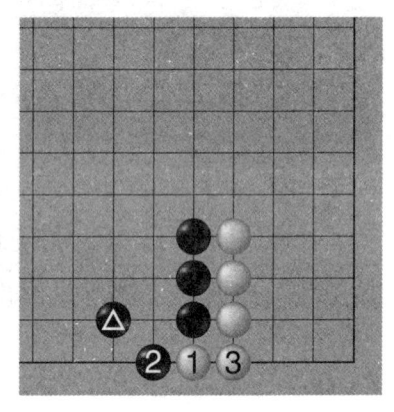

图3-23　　　　　　图3-24

例二

图3-25 黑1扳，因有A位吃子，白2只得立下，黑棋先手。

图3-26 白棋1立是后手。不过不论黑扳还是白立，目数差较大。因此，虽然是后手，但白棋仍然会走。在单方先手官子中，由于目数较大，后手方常会抢占地方。

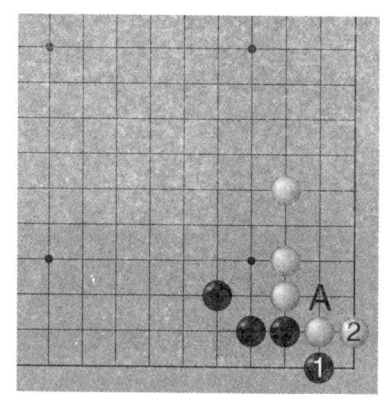

图3-25　　　　　　　　　图3-26

例三

图3-27 黑1、3冲，白2、4挡时，黑方的两冲即为先手官子。

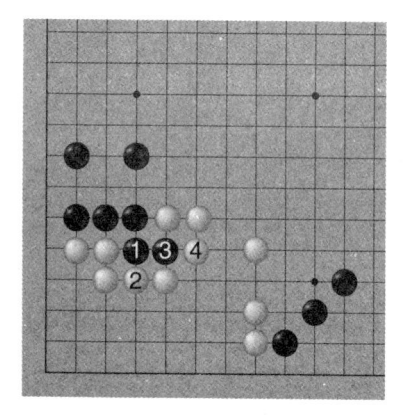

图3-27

图3-28 白1挡虽是后手，却避免了黑方的先手冲，即为逆先手官子。无论是单方先手还是逆先手，只有先后手的差别，目数都相同。

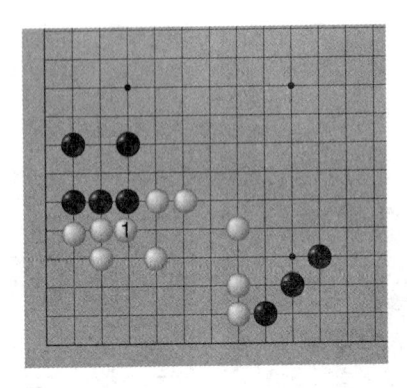

图3-28

例四

图3-29 黑1、3扳、5粘，白6虎，白方不得不补，黑方即为先手官子，价值为7目。

图3-30 白1曲，防止黑方的先手扳粘，为逆先手官子，其目数也是7目。

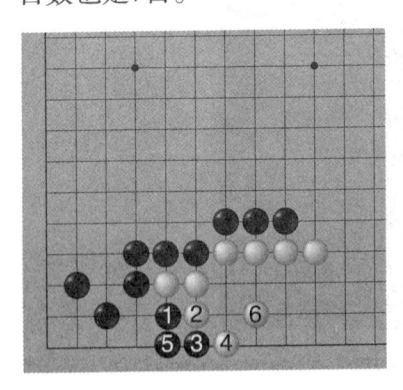

图3-29 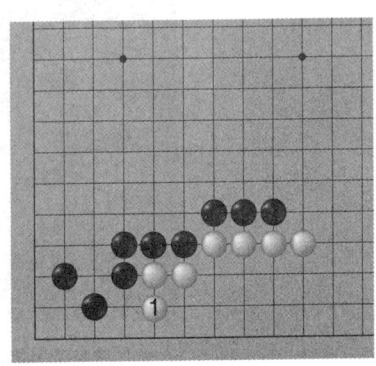　　　　　　　　图3-30

如不考虑棋局发展，过早地将先手全部下完，就会失去"味道"。为了保留劫材和余味，棋手往往都不愿将先手占尽，这时就会产生逆先手官子。

图3-31 黑1、3、5扳都是先手，是黑方先手9目的官子。

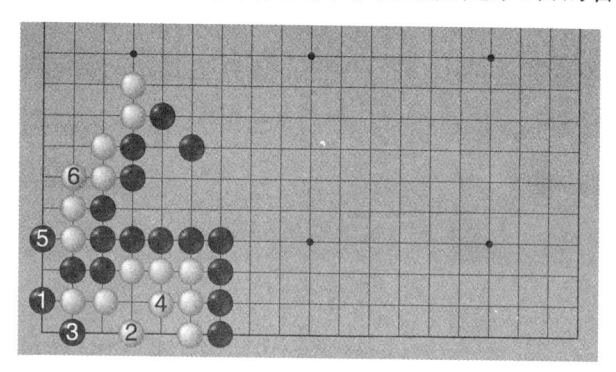

图3-31

在某种特定的场合下，虽为先手，却也需要保留，这其中包含着很深奥的道理。如图3-31的黑1、3扳不仅是先手官子，同时还是劫材，所以有时就有保留的必要。这样就产生了图3-32白1渡过的逆官子机会，其目数为逆收9目。

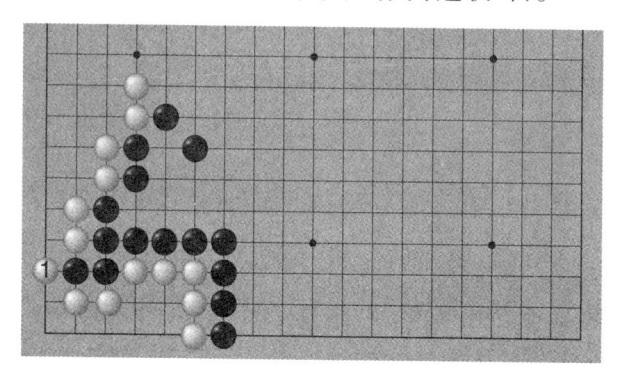

图3-32

例五

图3-33 黑1、3扳长，黑5粘，是先手5目的官子。

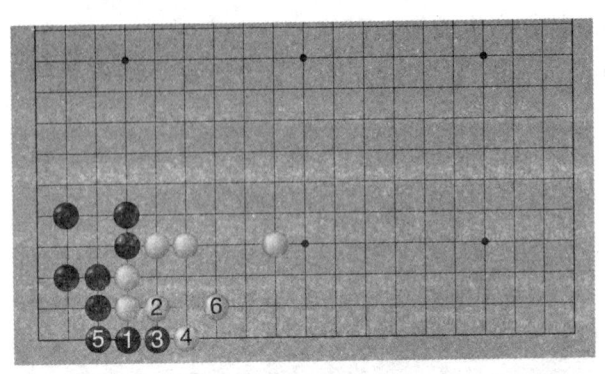

图3-33

若图3-34 黑方有A位的提，以下又有B位和C位的点入，则要保留图3-33的先手扳粘，如此才会给白方逆收1、3扳粘的机会。

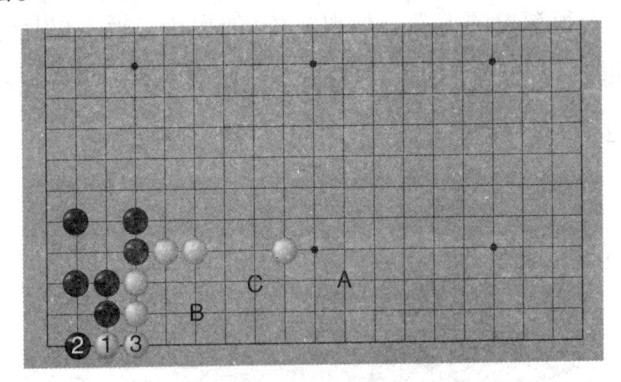

图3-34

因此，对于单方先手的收官原则，我们可以总结为：掌握时机。

04 逆收官子的原则

如前所述，官子种类通常归纳为三大类，即双方先手、单方先手和双方后手。到了收官阶段，双方先手的官子"力在必争"，双方后手的官子"从大到小"，可以说这是无可置疑的原则。然而，对于单方先手的官子，对方下出时为逆收官子，双方又应该遵循什么原则呢？

图3-35 黑1、3扳粘，如果时机正确是先手，其价值为先手3目。

图3-36 黑1断吃一子，在一般情况下，白2必须应，黑1断的价值为先手4目。

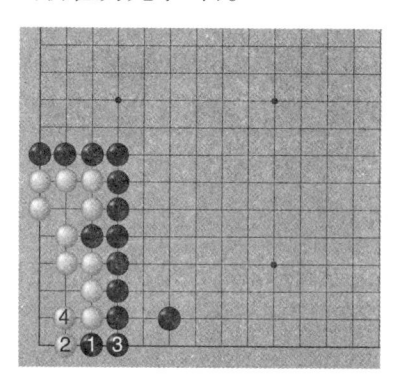

图3-35

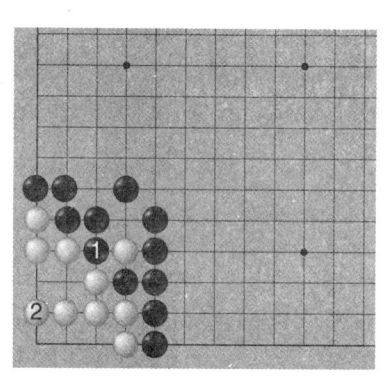

图3-36

然而，在实战对局中，图3-35的黑1扳，因为对白方这块棋的生死没有任何影响，所以不能认为它是绝对先手，假如棋盘上其他地方有比黑4位吃一子更大的官子时，白4便可以不应。图3-36中，黑1断吃虽可说是绝对先手，但在实战中往往因为劫材或气的关系而保留不走，因此都存在被对方逆收的可能。

图3-37 白1、3扳粘的价值为逆收3目。

图3-38 白1接即为逆收4目。

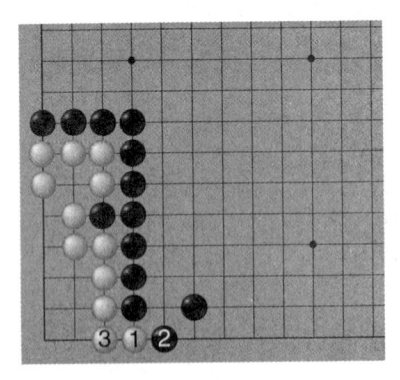

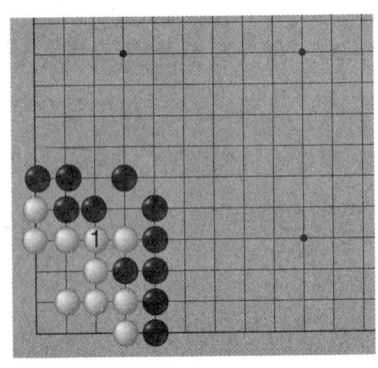

图3-37

图3-38

如这类目数不太大的逆收官子，就其表面价值而言并不大。但是，由于本来是对方先手权利的地方，能够争占过来归为己有，可想而知，其真正价值就不仅限于此了。

作为先手考虑，当然应该尽量避免对方有利的逆收。由此我们可以得出一个结论：对于先手方来说，"掌握好收官时机"乃是重要的原则。

逆收官子虽然是后手，但其价值比起同类的双方后手官子无疑要大。

那么，什么时候逆收有利，什么时候逆收不利呢？不少围棋业余爱好者有这样一种习惯看法：逆收3目等于后手6目，简而言之就是二倍的关系。即使是职业棋手,甚至在其所著的棋书里也如是说:"在一般情况下,单方先手官子(包括逆收官子)的价值相当于后手官子二倍,我们通常是把单方先手官子折合成后手官子的价值,然后根据价值的大小依次收官。"

这个说法在理论上虽有一定道理,但是,在实际中则是很不确切的,也是绝对不能遵循的。因为一盘棋的官子阶段,余下的后手官子是多种多样的。

图3-39 假设现在盘上还有这样七处官子(为了便于计算,采用十路小棋盘予以说明):A为后手6目、B为5目、C为4目、D为3目、E为2目、F为1目,除此之外还有G为白方先手3目,现在轮到黑棋下,那么黑棋是下在A位收后手6目大,还是G位逆收3目大呢?

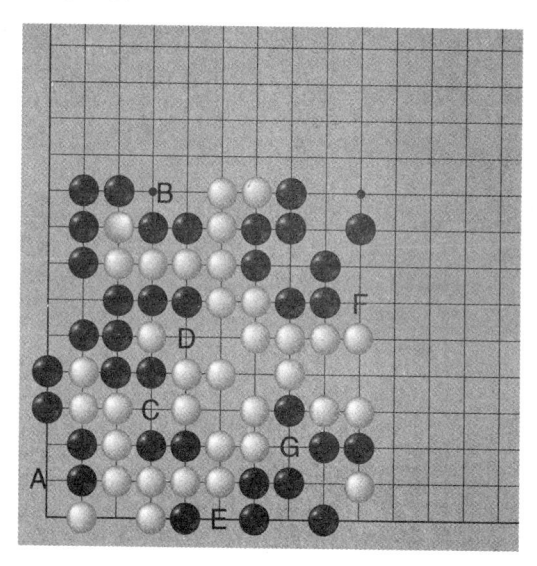

图3-39

图3-40和图3-41用两种不同的下法收完官子，胜负的结果完全相同。也就是说，逆收3目即等于后手6目。假如当初余下的后手官子价值分别是8、7、6、5、4、3、2、1的话，那么逆收4目也是同样的道理。依次类推，也许关于"二倍"的论点，就是这样产生的。

不过，还是让我们分析一下胜负结果相同的原因在哪里。图3-41的黑1逆收3目，由于这里本是白棋的先手权利，因而黑1之后可以说是净得了3目，然而黑方付出的代价是把先手占官的权利让给了白方。白棋所占到的是6目＋4目＋2目＝12目的官子，比起黑棋所占到的5目＋3目＋1目＝9目的官子，先手的利益也是3目，所以，其胜负的目数完全一样。

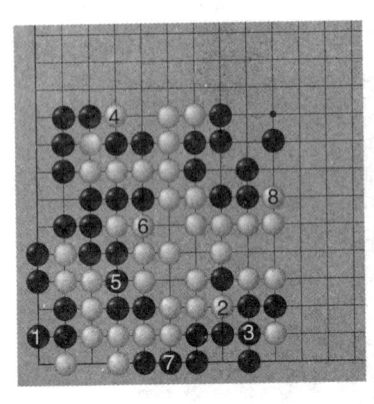

图3-40 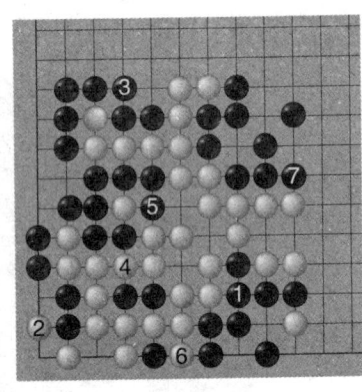　　　　　　　　图3-41

以上图3-40和图3-41的例子仅仅说明了逆收官子在理论上的价值。但是，在实际的对局中，棋盘上的官子由大到小，样样俱全，情况就完全不同了。

图3-42是将图3-39的情况稍加改动，在A位存留一个1

目的官子，整个的情况就完全不同了。那么，黑方只有下在B位才是正确的，而在C位逆收3目就是极其错误了。原因是，这时先行的价值为（6目＋4目＋2目＋1目）－（5目＋3目＋1目）＝4目。

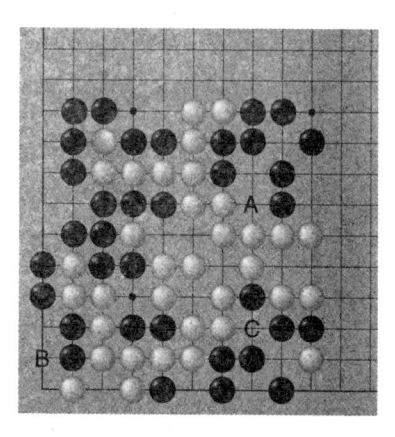

图3-42

由此可见，收官时先行的价值都是根据本局官子分布的情况而变化的。因此，绝不应该说：逆收官子的价值等于后手官子的二倍，而应该说：逆收官子的真正价值是由当时的先着官子价值决定的。

为进一步说明，我们可以看看图3-43，此时盘上还有八个官子，A为后手6目，B为白方先手5目，轮到黑先，又应该如何下呢？

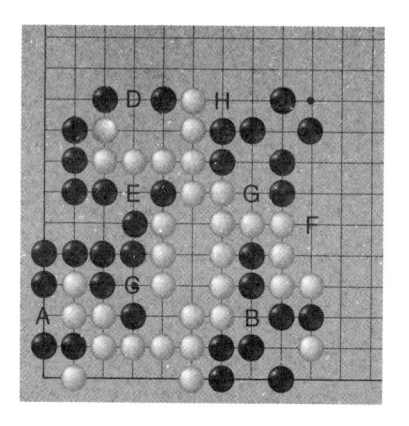

图3-43

先分析一下C至H的六个后手官子，C、D均为3目；E、F均为2目；G、H均为1目，这是双方皆可得数。

图3-44 这时可不要觉得下在2位逆收5目相当于后手10目的价值比黑1的价值大，实际如下在2位，将白白损失1目。黑1收后手6目的官子才是正确下法。

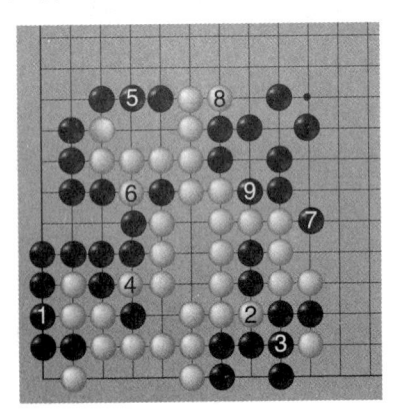

图3-44

图3-45 盘上尚有九处官子，A至H都是双方后手官子，只有I为白方先手1目官子，这时黑方如何下才是正确收官呢？

目前的官子情况是：A与B的价值均为4目，C与D均为3目，E与F均为2目，G与H均为1目。由于这些都是相等价值、各得其一的官子，所以谁占都是一样的。也就是说，此时先行之利的价值等于零。

再看图3-46，这是黑1逆收1目的官子，属于既得利益，是唯一的正确收官下法，与图3-43的情况相反，这时的逆收1目官子，也许就是胜负的关键了。

图3-43和图3-45的两种情况充分说明，逆收官子的真正价值的大小，取决于当时局面先行收官的价值，这个价值可能很大，也可能很小。

因此这样计算才更为合理：将所有的后手官子由大到小按顺序排列起来，其中如果有两个价值相等，双方必然各得其一的官子，因此"见合"官子可以不计。它的公式是：

先行的价值＝从第一个数开始与隔位数相加之和－被隔位数的相加之和。

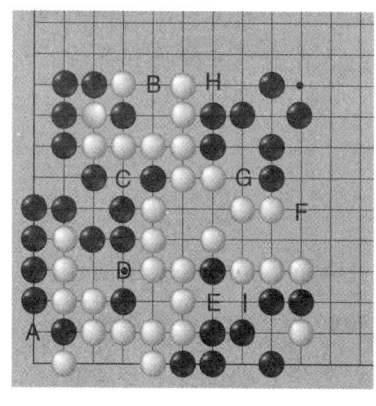

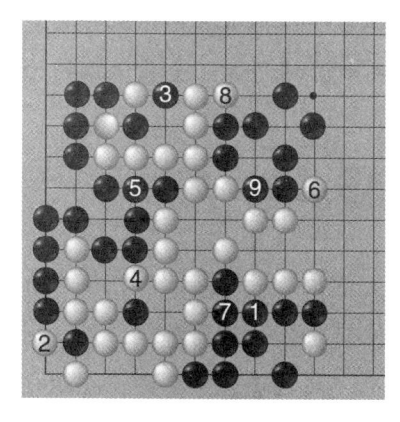

图3-45　　　　　　　　图3-46

至此，我们可以总结出逆收官子的原则：在考虑逆收时，要先分析一下所余官子的分布情况，算出先行官子价值。如果逆收官子的目数大于先行官子的价值，那么逆收有利，反之则逆收不利。

趣味链接

有记载说,过百龄少时善弈,与前辈国手林府卿对弈,竟然三战三胜,令人惊叹不已。清人秦松龄的《过文年传》写道:"百龄,名文年,为邑名家子,生而颖慧,好读书,十一岁时,见人弈,则知虚实先后进退击守之法,曰:是无难也。与人弈辄胜,于是闾党间无不奇百龄者。"

过百龄著有《官子谱》《三子谱》《四子谱》等棋书,并主持修订古谱《仙机武库》。其中尤以《官子谱》价值最高,对收官问题做了全面透彻的论述,是我国第一部收官著作。

围棋口诀

虚镇实尖灵活用,棋成愚形效率低,边攻击来边围空。
自己勿活要补棋,能立则立曲则曲,多弃一子能出棋。
两二被打定要长,金鸡独立有骨气,棋过一半要冷静。
判断形势定大计,若是胜势莫贪心,稳扎稳打操胜棋。

围棋规则

双先官,先手官,逆收官再后手官。
双后扳,二路六,一路二目角过三。
打劫就像跷跷板,你上我下轮流转。
找个劫财吃回去,看准时机消劫患。

第四章 收官方法

一局棋在进入收官阶段后。双方都会力争正确地进行应对。而想要达到收官的最佳效果，就要求必须掌握一些普通的、常用的收官手法，为进一步提高官子水平打下良好的基础。

本章则是一些收官的基本方法，其中常用的有、立、飞、尖、夹、托、点、跳等。

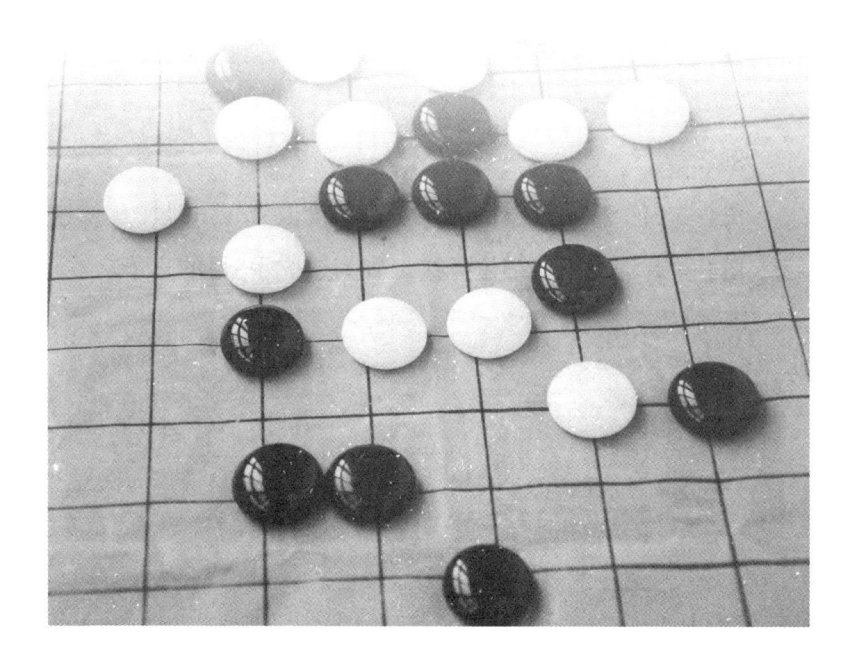

01 扳接

"扳接"是收官中最常见,也是最基本的手法。扳接的种类有一路扳接和二路扳接,两者的价值差别甚大。

例一

图4-1 黑1、3扳接的官子价值为后手2目,反之如图4-2白于1、3位扳接,也是后手的官子。

图4-1

图4-2

例二

图4-3 白于1、3位扳接为先手,其价值为先手3目。

图4-4 若黑先于1、3位扳接,则为逆先手3目的官子。

图4-3

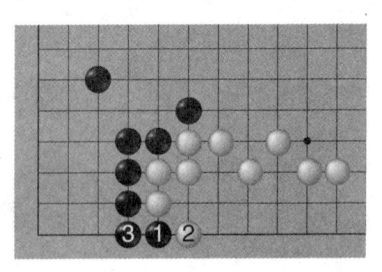

图4-4

例三

图4-5 此棋形中，黑于1、3位扳接为先手官子，白若脱先，黑可于4位点。

图4-6 若白先于1、3位扳接也是先手。

所以，双方于1位扳接，都为双先手4目价值的官子。

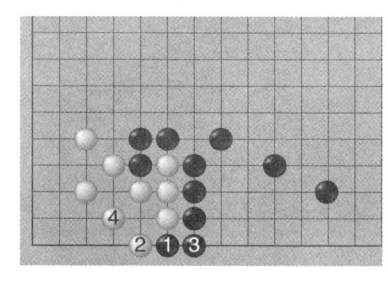

图4-5 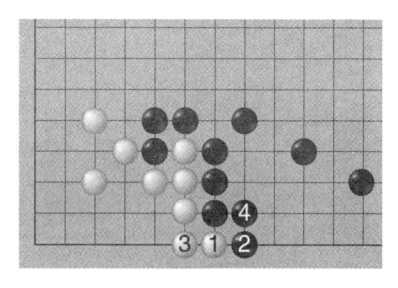　　　　　　　　　图4-6

例四

图4-7 黑于1位扳，白无法于3位挡，否则黑于2位打，白不利，以下至白6止，黑先手收官。

图4-8 白于1、3位扳接为后手收官。可计算出上图黑1的价值为先手5目，本图白于1位扳接的官子价值为逆收5目。

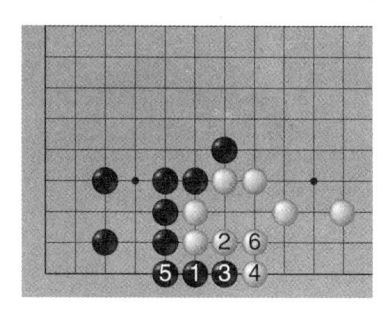

图4-7 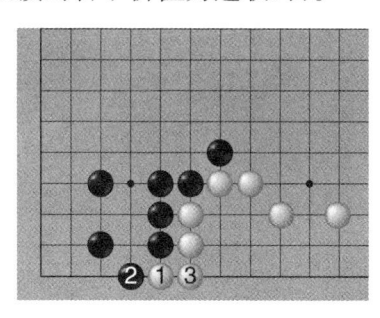　　　　　　　　　图4-8

例五

图4-9白于1位扳,黑只得于2位退让,以下至黑6止。

图4-10黑先,可于1位先手扳接。

所以,双方于1位扳接,皆为双先手6目的官子。

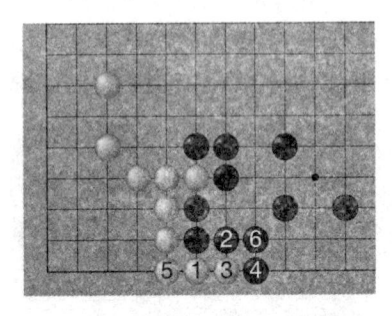

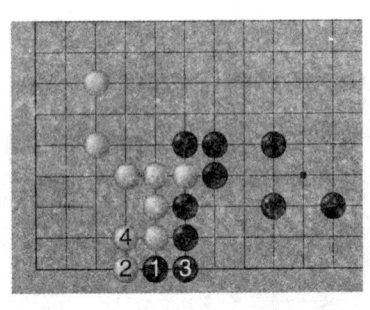

图4-9

图4-10

例六

图4-11黑于1位扳,白只得于2位退,以下至白6止。黑1的官子价值为先手7目。

图4-12如果白下于1、3位扳接,这是逆收7目的官子。

图4-11

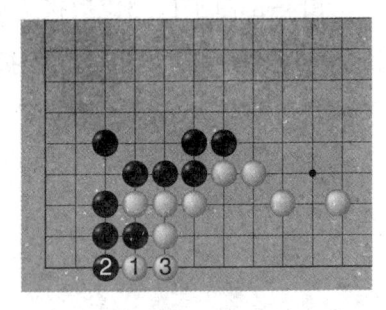

图4-12

例七

图4-13黑于1、3位扳接,为后手6目。

图4-14 白下于1、3位扳接，也是后手6目的官子，这一组官子都为双后手6目。

这种在二路扳接的类型，也是官子中最小的一种。

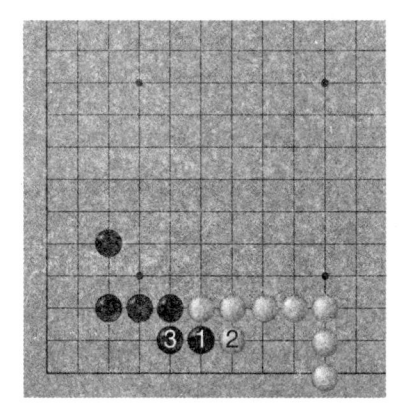

图4-13 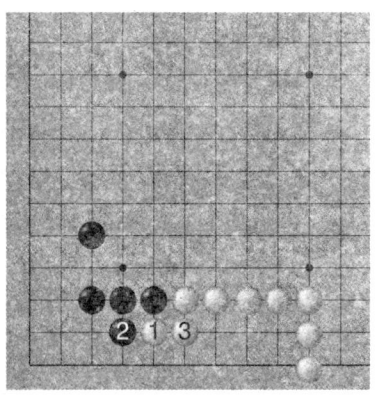   图4-14

例八

图4-15 本棋形中，黑1、3扳接虽为后手官子，但接下去白若脱先，白可进行图4-16黑1至白6的先手收官。

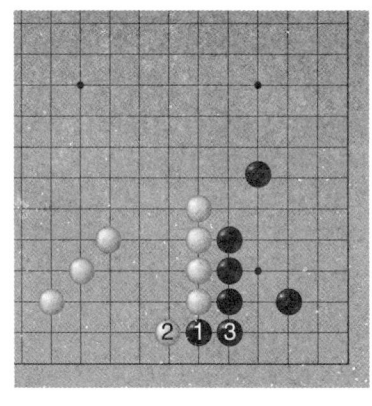

图4-15 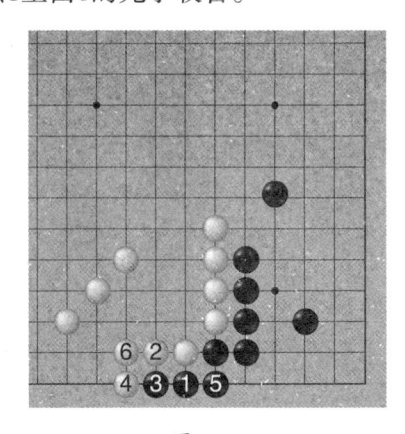   图4-16

图4-17 白于1、3位扳接。比较图4-15和图4-16，可以计算出双方于1位扳接的官子价值，大致为双后手12目。

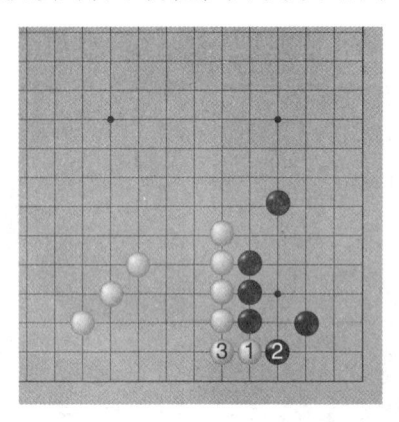

图4-17

例九

图4-18 本棋形的官子同前几图又有所不同。黑于1、3位扳接大致为先手，白4若脱先，黑于A位夹可以将白空破去，所以白只得4位补。

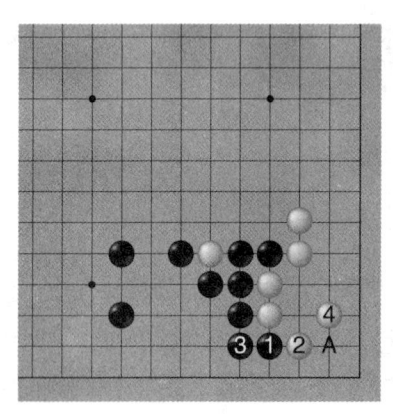

图4-18

图4-19 如果白先于1位扳粘为逆收官子，但是接下来还有图4-20所示的后续官子手段。计算得失可知双方于1位扳接的官子价值为黑先手9目，白逆收9目。

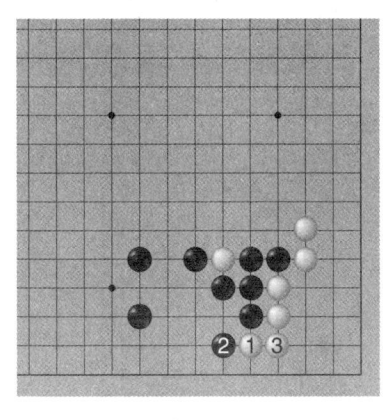

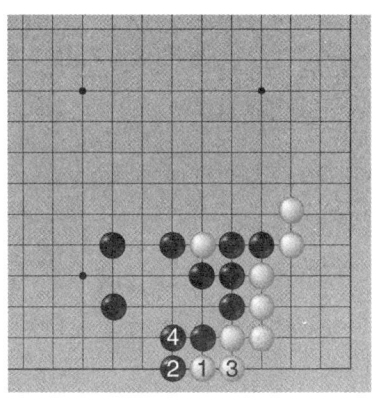

图4-19

图4-20

例十

图4-21 此棋形中白方于1、3位扳接是先手，接下来还有图4-22中继续扳接的官子。

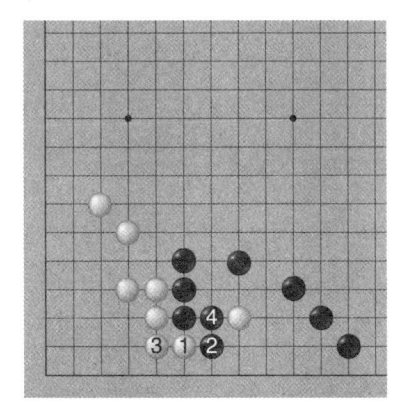

图4-21

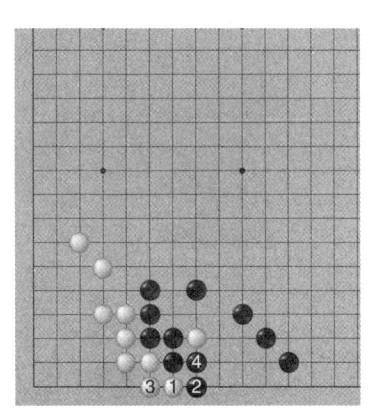

图4-22

图4-23 如果黑方先下,可以于1、3位扳接。白若脱先,黑则如图4-24的收官手段。

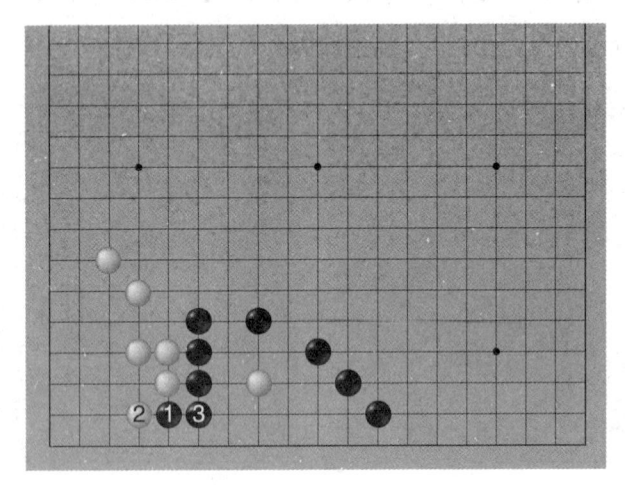

图4-23

图4-24 黑1扳,白只能于2位退,以下至白6止。其间白2不可于3位打吃,否则黑可用图4-25的手段反击。

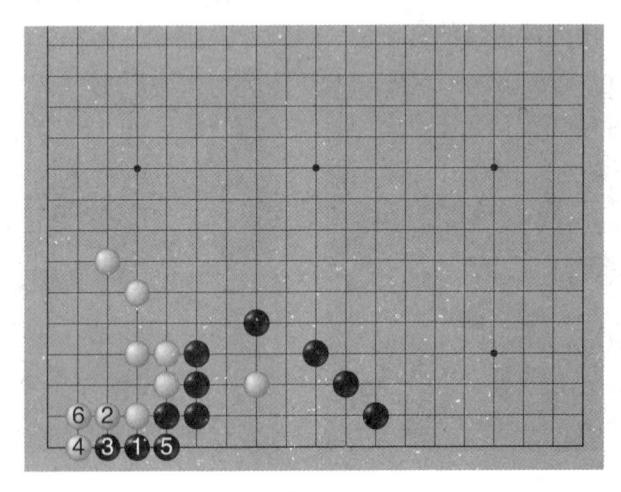

图4-24

图4-25 当白打吃时，黑于3位反打是官子手筋，以下至黑9，可将白角破去，白不利。

图4-26 黑方扳接虽有诸多后续手段，但由于是后手，所以在实战中也有选择于1位立的下法。当下至白4，黑方可获得先手，黑若如此收官，则黑于1位立，而白于图4-21中1、3扳接，这组官子的价值为双先手8目。

但黑若如果于图4-23中1、3扳接，那么1、3的官子价值则为逆收13目。

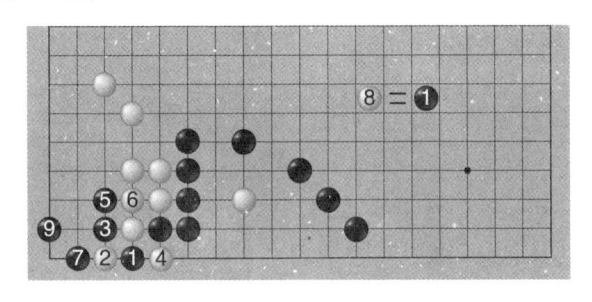

图4-25

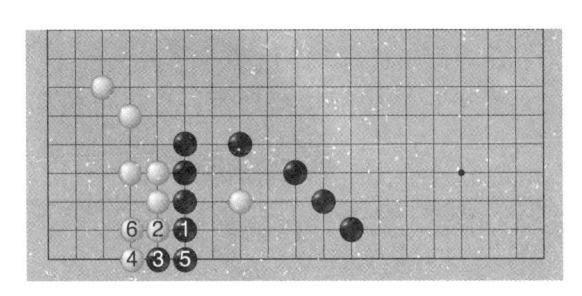

图4-26

简简单单的"扳接"二字，说其小，它有一线2目的小官子；说其大，它也有二线10目以上的大官子。可以说，扳接是官子中的主要内容。

02 立

"立"也是收官阶段的常用手法,立和扳接相比,立获取先手的可能性比较大。所以立和扳接可以根据棋局的需要来进行选择。

例一

图4-27 黑1立是此局部棋形最佳的收官手段。以下至3、5扳接,黑得到了先手。

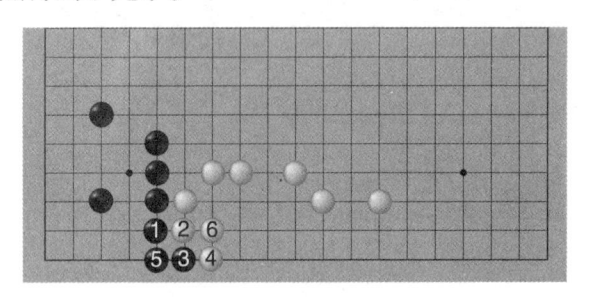

图4-27

图4-28 黑于1、3位扳接落后手,以后可根据情况决定下法。

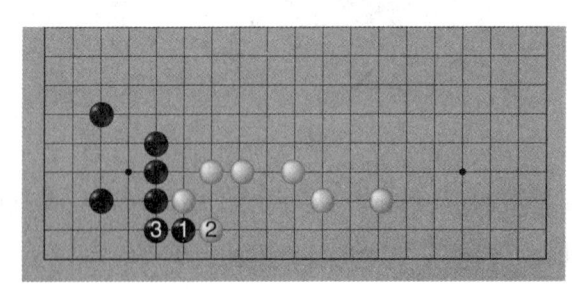

图4-28

图4-29 此时，白先也以立收官为佳，若白于2位扳接则只多得1目，且落一后手，不好。

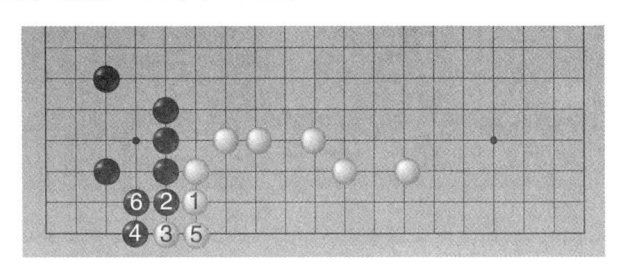

图4-29

例二

图4-30 白1立是此棋形正确的收官方法。

图4-31 接上图，白1立后，黑若脱先，则白可于本图所示收官，且最大限度地侵分了黑空。

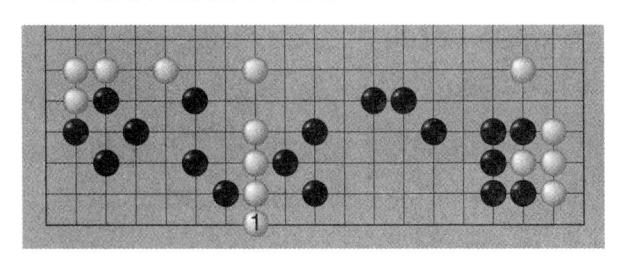

图4-30

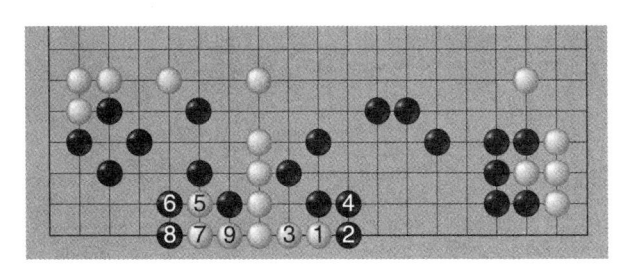

图4-31

图4-32 白若于1、3扳接,不充分,为错误的收官手法。

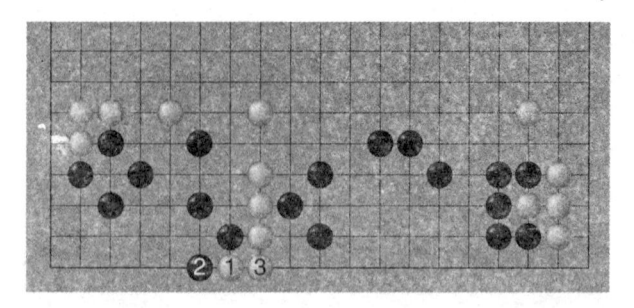

图4-32

例三

图4-33为定式中的下法,白1下立是正确的收官手法。

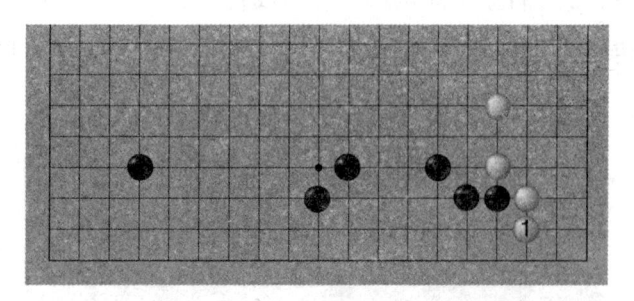

图4-33

图4-34接上图,白立后,还有本图大飞收官这一手段。

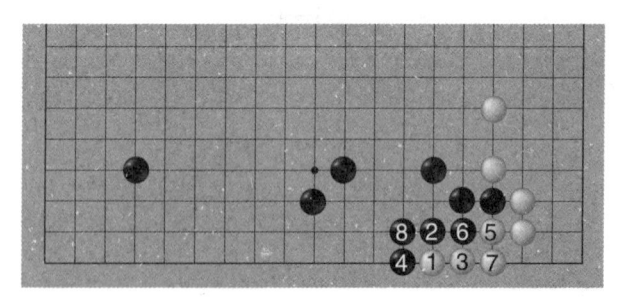

图4-34

第四章 收官方法

图4-35 白1、3位扳接手法错误,虽可于5位先手扳,但与图4-34相比,白亏损了2目。

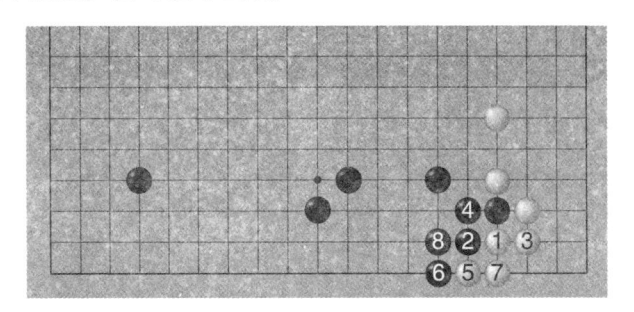

图4-35

例四

图4-36 为实战常型,白于1位立,是正确的收官手段。

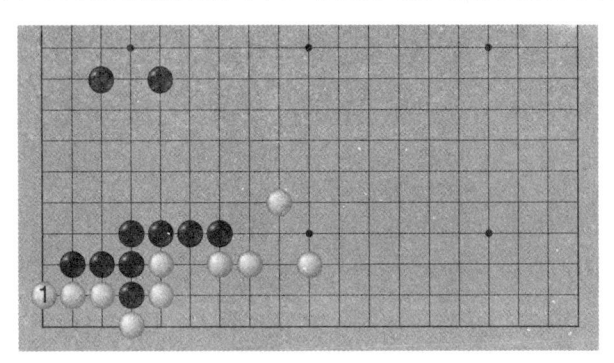

图4-36

图4-37 白若于1位扳,是想取得最大利益,但是黑可于2、4位连扑,如此白反而损,不如单立为好。

图4-38 若黑先行,可于1位扳,白棋须于2位接,以防黑于A位吃两子。通过计算可知双方着于1位,为双先手5目的官子,而且本图还有A位打劫的手段。

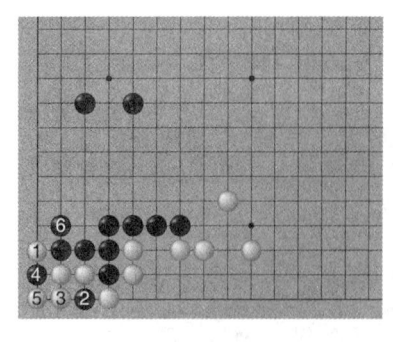

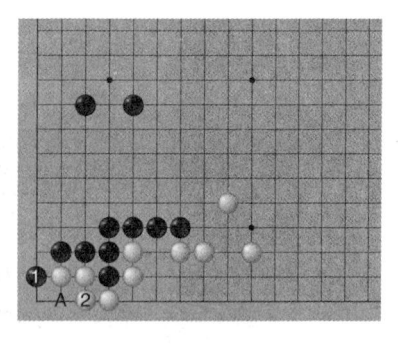

图4-37

图4-38

例五

图4-39 此图为高手实战型。黑于1位立,至3、5扳接始终保持先手。

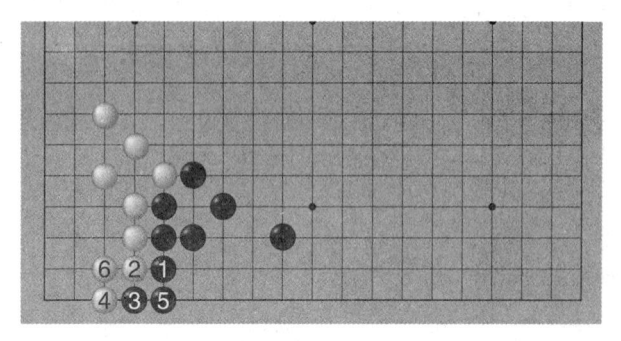

图4-39

图4-40 黑于1、3位扳接,虽有图4-41所示扳的后续手段,但也给了白方选择机会。如全局无更大官子,白方于1位立,此处双方同图4-39相比,目数上基本没有多大出入。以后白于A位冲为先手,但如有比图4-41黑1扳更大的官子,则白可脱先,所以此处还是以图4-39黑1下立为正解。

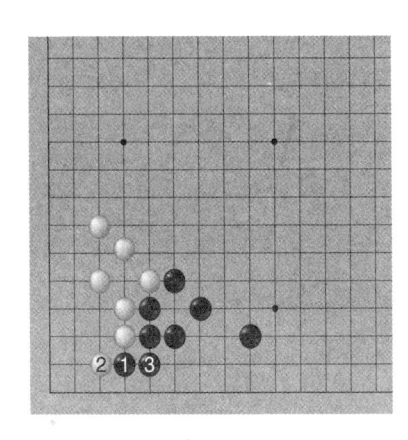

图4-40 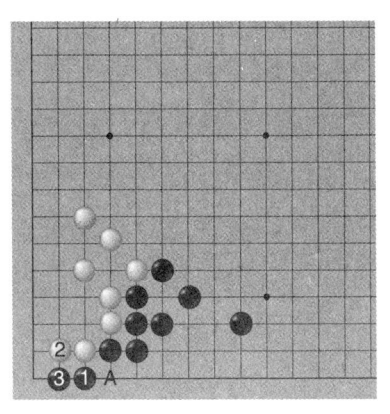　　　　　　　　图4-41

图4-42 若白先，大致只能是1、3位扳接。

图4-43 也是1、3位继续先手扳接的官子。

通过计算我们可以得出，黑于图4-39中的1位立，或白于图4-43中1、3位扳接的官子价值都为先（逆）手7目。

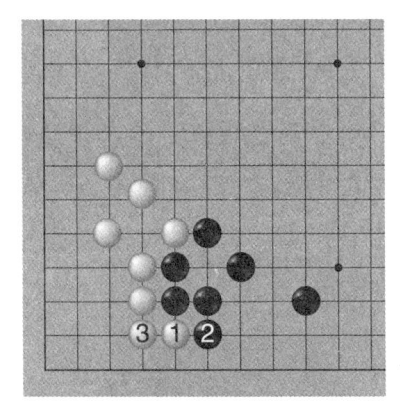

图4-42 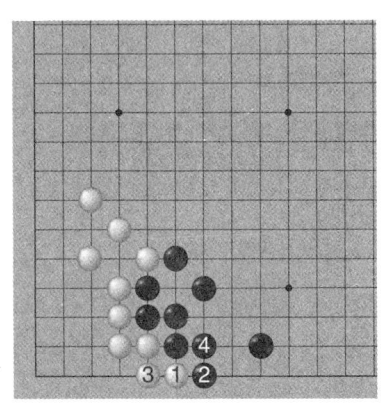　　　　　　　　图4-43

03 飞

"飞"在官子中一般是指一路上的小飞或大飞两种,收官时不同的场合有不同的着法。

例一

图4-44 白1在底线大飞俗称"仙鹤大伸腿"。黑2为正确应对,以下至黑8为止,白1大飞的价值为先手7目。

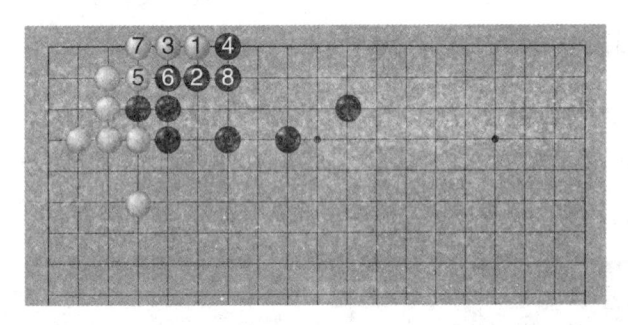

图4-44

当图4-44黑4扳时,白5切不可随意打入,否则黑于3、5反击,可将白吃住,如图4-45。

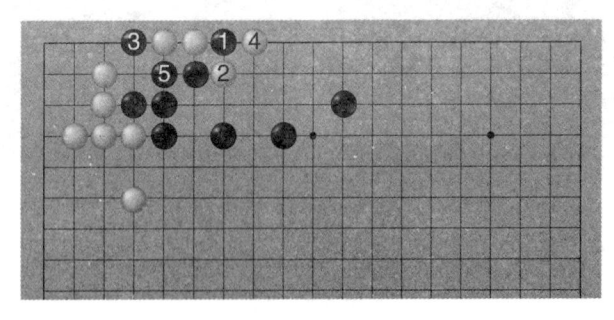

图4-45

例二

图4-46 黑在1位大飞,此时若白应对不当,会如何呢?

图4-47 若白于1位顶,至7位止的收官,白方则亏损。

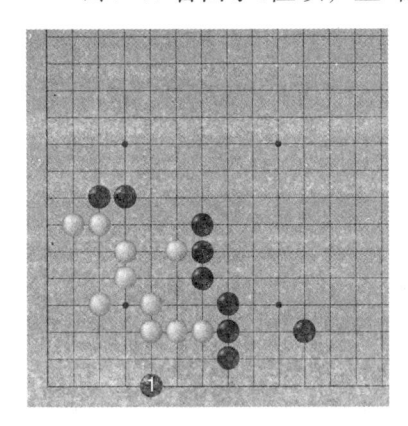

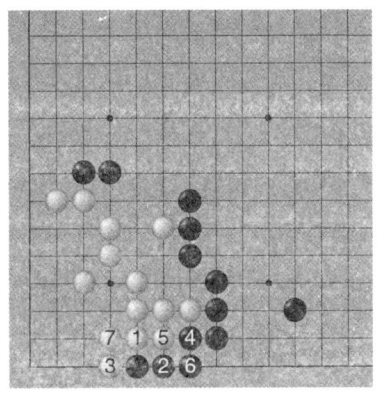

图4-46

图4-47

图4-48 白于1位靠,以下至白3止,是白方正确收官手法。与图4-47比较,本图白方基本没有目数上的变化,而后白于A位冲,黑于B位应,此处黑方则会少1目。

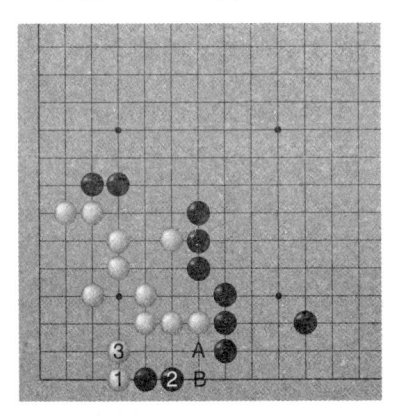

图4-48

例三

图4-49 黑若仍于1位大飞则欠妥,以下至黑7虽可破白方一些目数,但落了后手。黑1大飞的价值为后手6目。

图4-50 黑1位小飞,白于2位应,至白6止,为正确的收官方法。黑1小飞的价值为先手5目,而图4-49黑1大飞为后手6目。两种结果相比较,黑当于本图1位小飞收官。

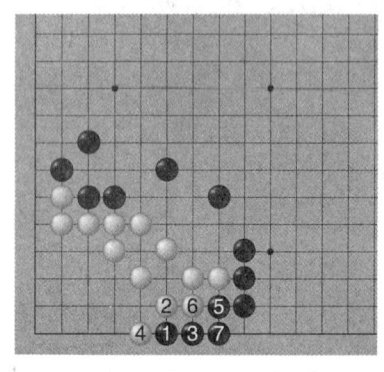

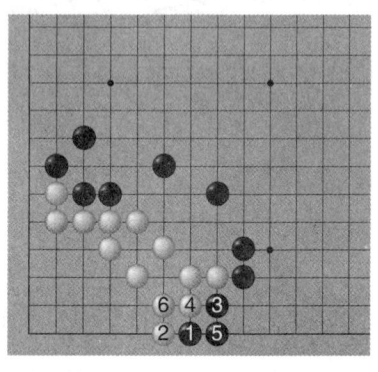

图4-49

图4-50

例四

图4-51 黑于1位大飞收官,看似正确,实则亏损。以下至白8,黑1价值为先手7目。

图4-51

图4-52 黑1夹，以下白2虎，黑3打吃后，再于5、7扳接。此为正确收官手法。黑1这手官子为先手9目，与上图差有2目之多。

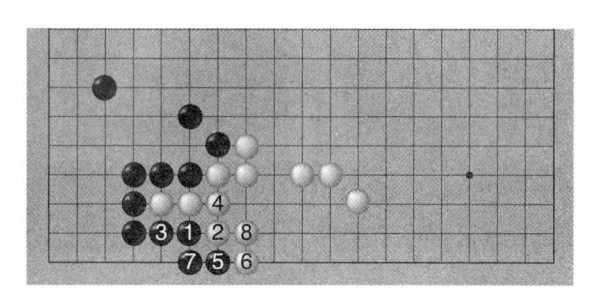

图4-52

例五

图4-53 白1大飞，当白顶后再于3位尖，待黑4打时，白可脱先。为正确的收官方法。

图4-54 黑即便于1位提吃一子，白仍可不应或者走A位。

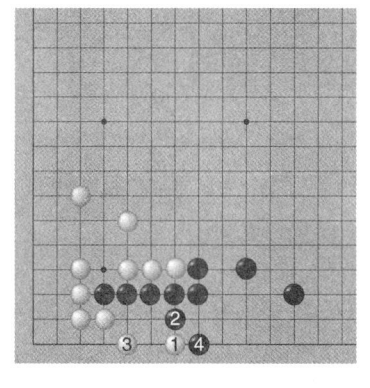

图4-53 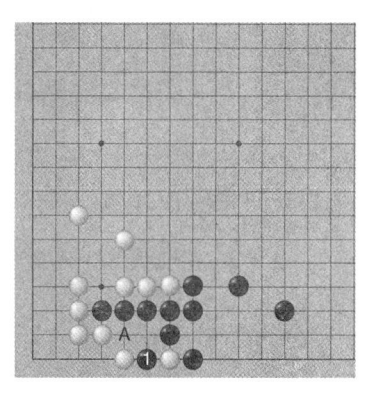　　　　　图4-54

图4-55 黑先，可着子于1位，以后这里的收官可看作白A、黑B，这个结果与图4-54比较，白方得失显而易见。

图4-56 白1小飞，以下至黑4止，与图4-53相比较的话，可以发现图4-55白的下法约损了2目弱。而图4-53的白1，大致为5目弱。

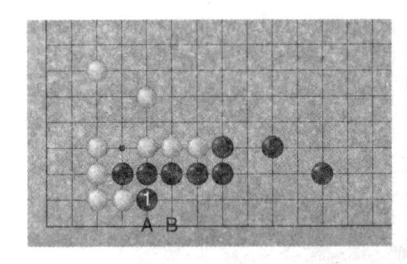

图4-55

图4-56

例六

图4-57 白于1位小飞收官巧妙，先手削减了黑空。

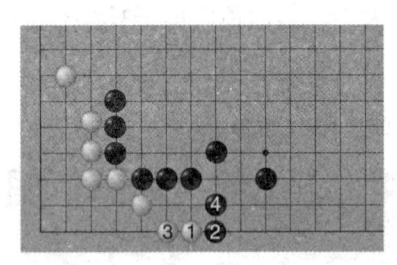

图4-57

图4-58 黑若在2位靠，白3、5可吃黑一子，黑就未见便宜。

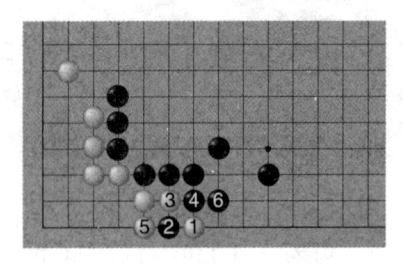

图4-58

图4-59 黑1位挡,白如接,则黑1为先手4目。如白脱先,则大致为逆收7目的官子。

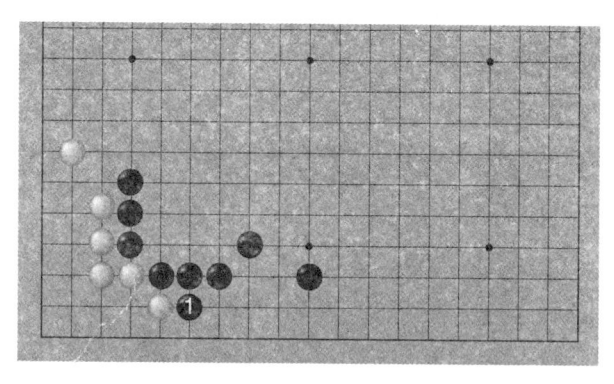

图4-59

例七

图4-60 白如果于1位大飞,则必遭到黑2切断的反击,所以白1切不可步子过大。

图4-61 白于1位小飞,为收官的好手。黑若于2位打吃,则白渡,以下黑拔两子成"打二还一",白安然无事。

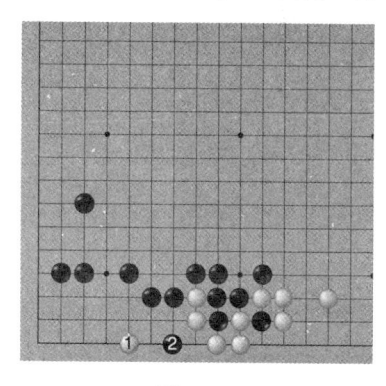

图4-60

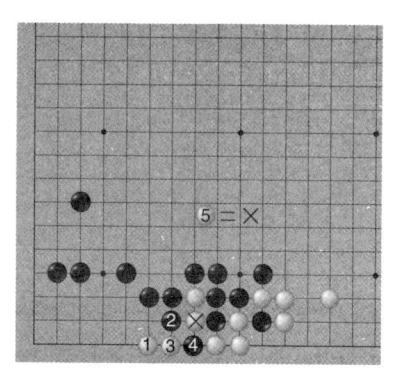

图4-61

图4-62 黑2为正确应对，以下至黑4止，白1的官子价值为先手9目。

图4-63 白1尖似乎也是手筋，但黑可于2位靠，以下至白9，白虽多破2目，却落了后手。这处官子应该以小飞为正确。

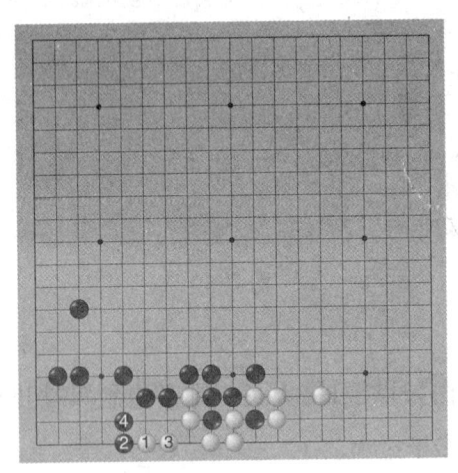

图4-62

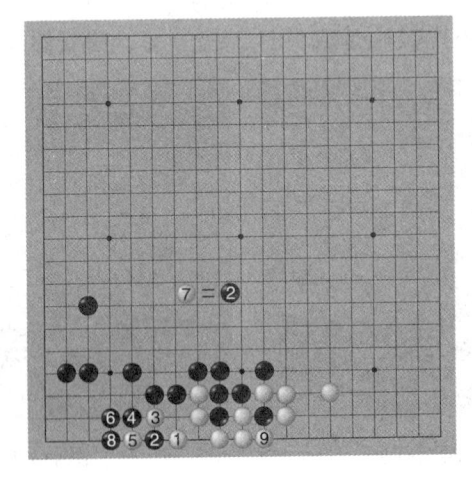

图4-63

如果图4-63白7脱先，图4-64黑可于1位打吃，则白官子所得甚少。

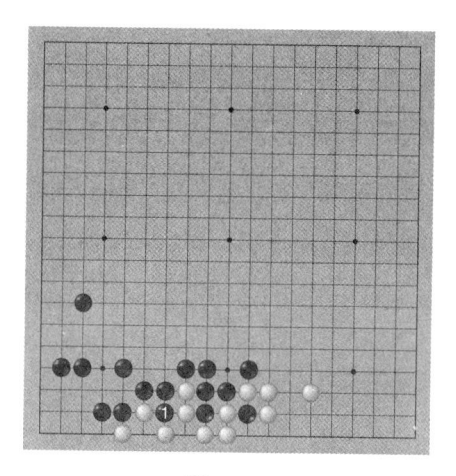

图4-64

图4-65 若黑先，则可于1位打吃，至4止，成为黑先手收官。若以此计算，则此处官子为双先手4目的官子。

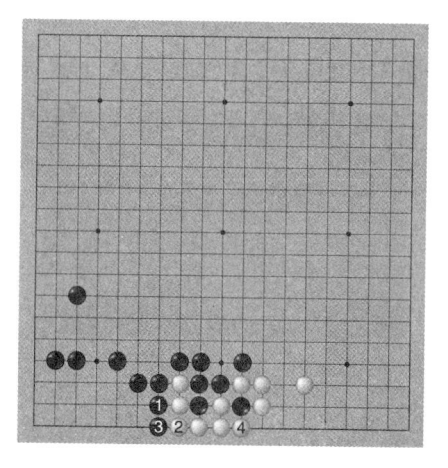

图4-65

04 尖

"尖"的手段在官子中被广泛使用,也是极为实用的官子手段。

例一

图4-66 白于1位尖,黑方只能够于2位挡护角,白则先手得利。

图4-66

图4-67 若黑先于1位尖,也大致是先手收官。

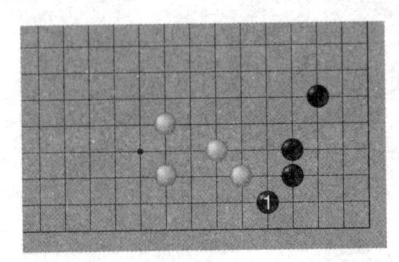

图4-67

图4-68 承上图,黑尖后,白若挡,黑于2、4扳接是先手,比较图4-66和图4-68双方目数的得失,可以算出双方若于1位尖的官子价值都为双先手6目。

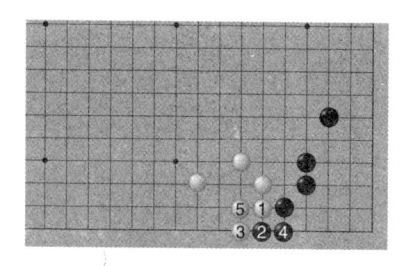

图 4-68

图4-69 黑先行于1位尖，是正确的收官方法。如白应，则黑方先手获利，若白脱先，则黑也有图4-70所示大飞收官的手段。

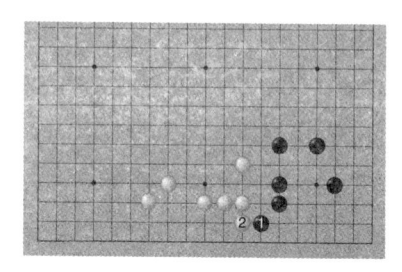

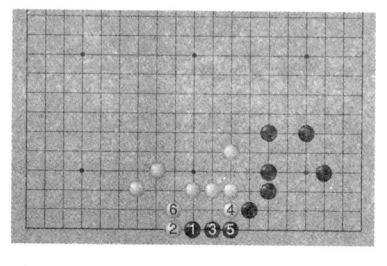

图 4-69　　　　　　图 4-70

图4-71 若白先，则可于1位尖，黑只得于2位挡，至黑6止。与图4-70相比较，可以计算出白1尖的官子价值为先手10目。

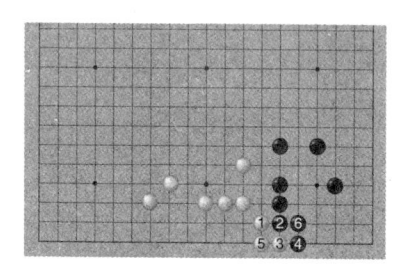

图 4-71

例二

图4-72 白若先手收官，于1位爬虽也是先手，但获利极少。

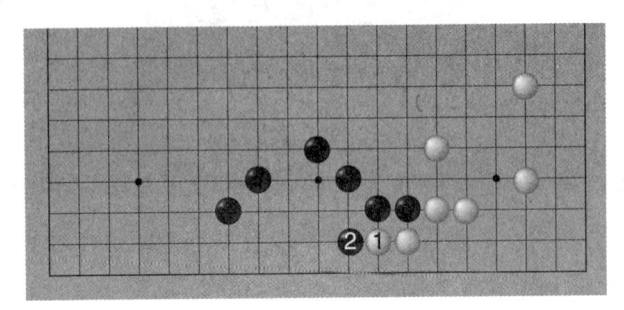

图4-72

图4-73 若白于1位尖，黑方只得于2位补，以下白3托至黑6止，白方先手获利，此才为正确的收官手段。

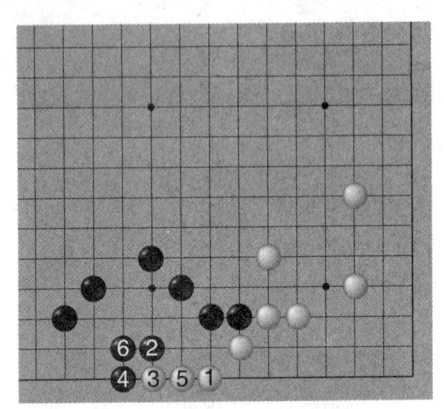

图4-73

05 夹

"夹"也是在实战中常见的收官手段,所以也需要我们掌握。

例一

图4-74 白于1位夹,是利用黑棋棋形弱点的收官好手法。

图4-75 白1夹时,黑若虎补,白先手达到了收官的目的。

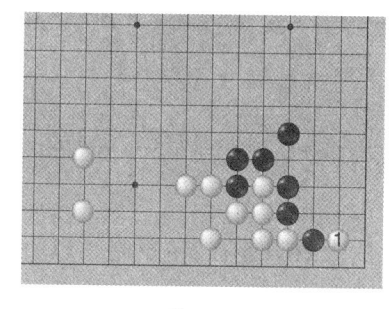

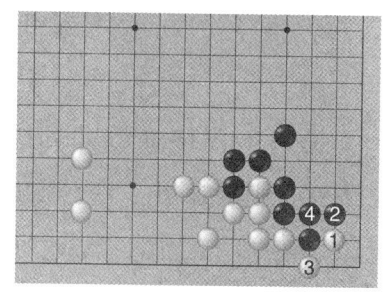

图4-74

图4-75

图4-76 白1夹时,黑若2位立下阻渡,则白于3位断后,黑将崩溃。

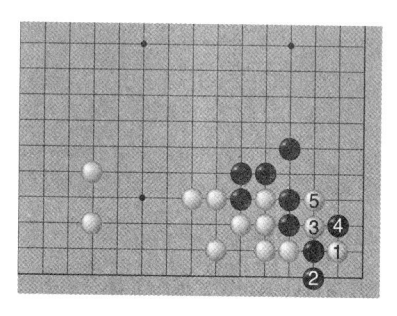

图4-76

图4-77 黑先于1位虎补，是有价值的后手官子。图4-75和本图比较，黑地多6目，白地无增减，是先手6目的官子。

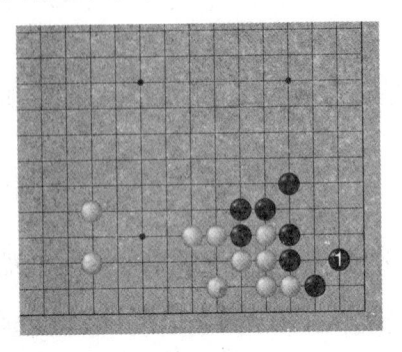

图4-77

例二

图4-78 黑1夹的收官手法相当不错。白如2位虎，黑3吃，白若接，则黑5长出，白空被破。

图4-79 接上图，黑3吃时，白大致只能在2位反吃，以下黑一路先手收官，便宜很大。

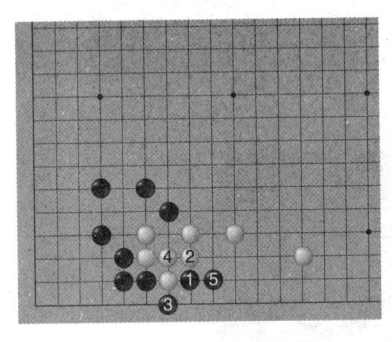

图4-78 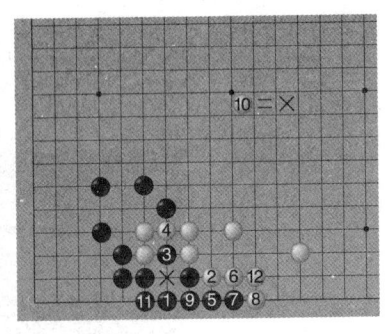　　　　　图4-79

图4-80 黑若单扳则损，以下至白6，同上图相比较，白地增加了5目。

图4-81 如白先走1位立补，白的目数同图4-79比，相差9目，所以白方立或黑夹是黑先手10目，白逆收10目的大官子。

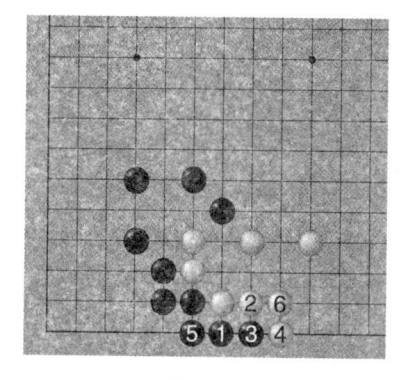

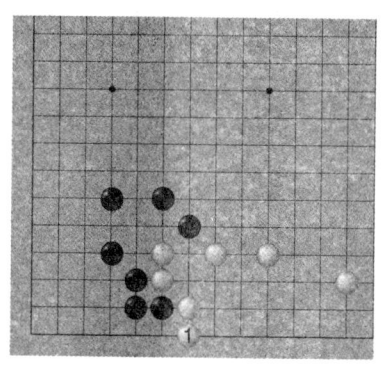

图4-80

图4-81

例三

图4-82 白1夹是利用4位断点来获取官子的便宜。

图4-83 接上图，白1、3扳接仍是先手。

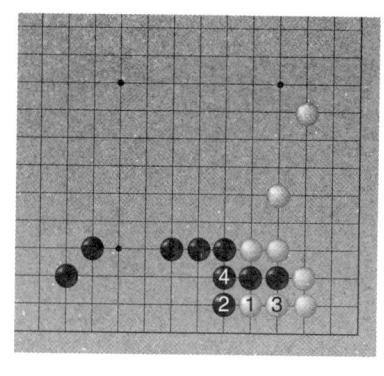

图4-82

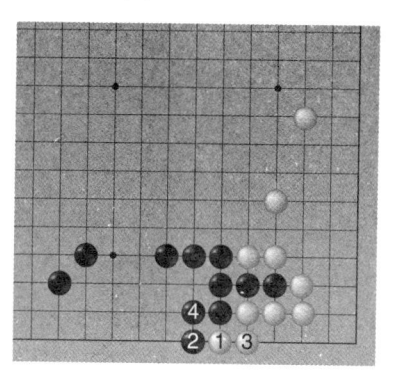

图4-83

图4-84 白1曲不好，以后至黑8，白虽占先手，但却是比图4-83少得2目。

图4-85 白大飞虽是常用收官手法，但在此却不适用，以下至黑8，结果同图4-84基本一致。

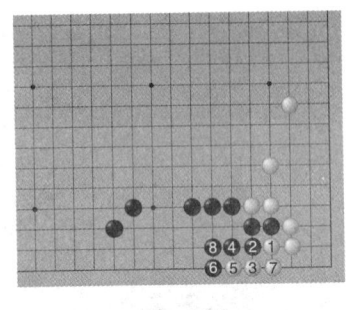

图4-84

图4-85

图4-86 若黑先着于1位挡，当白2扳时，黑因气紧，反而不能高效收空。以下至黑7，黑损。

图4-87 黑先于1位曲，为正着。本图的黑白目数同图4-83比较，相差有7目，所以白于1位是先手7目，黑于1位，则为逆收7目。

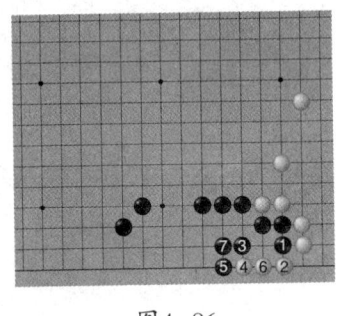

图4-86

图4-87

例四

图4-88 为星定式演变而来，此棋形白1夹，仍是收官好手，黑2挡，白3打至白5止，此结果双方大致两分。

图4-89 黑2若想多破白的目数,则白3反夹后,黑仍只有于4位连退让,至黑6,白方可得先手。

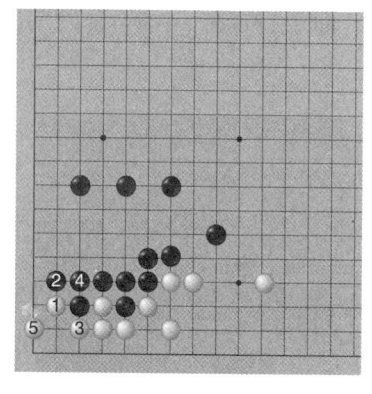

图4-88 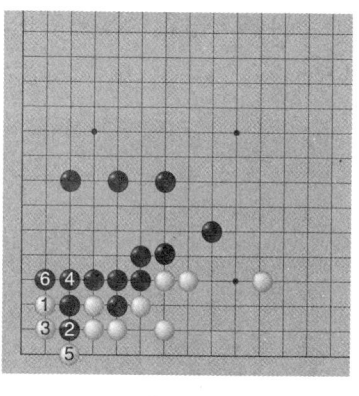　　　　　　　图4-89

图4-90 接上图,白如果于1位单立仍是先手,同图4-88相比,虽白方目数少1目,但白方得到了先手,黑反而亏损。

图4-91 白若于1位扳,虽然可以更大地获取自己的利益,但是如果黑于2、4位补后,白恐不利。所以,图4-90白1单立为正着。

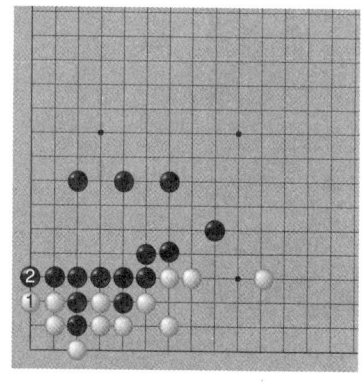

图4-90 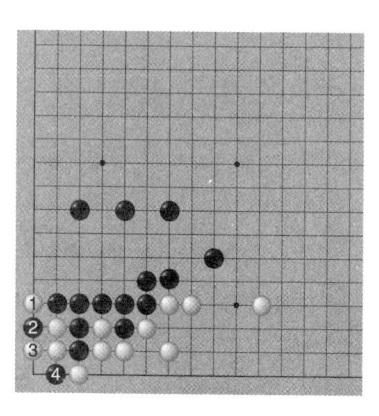　　　　　　　图4-91

图4-92 白若于1位断，则显过分。对此，黑有6扳的滚打包收好手筋，白即大败。

图4-93 白若错过夹的手筋，而于1位爬，至黑4，则白所得甚少。

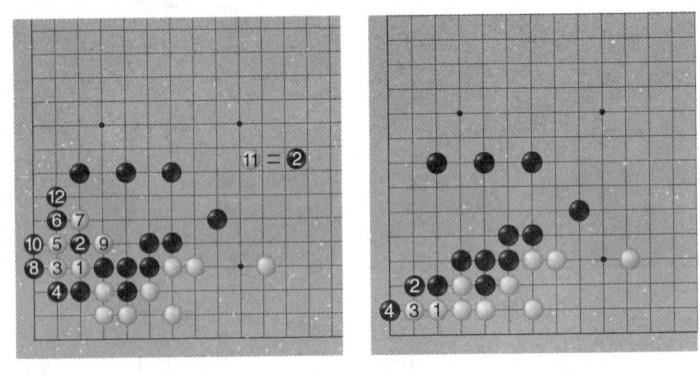

图4-92

图4-93

图4-94 此棋形若轮到黑下，于1位挡，以下至黑5，同图4-88相比，目数差别有16目，所以白于图4-88中1位夹和黑于本图中1位挡，是双方后手16目的大官子。

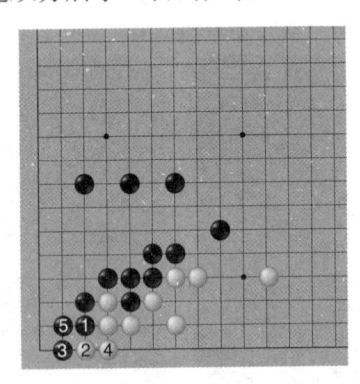

图4-94

例五

图4-95是由星定式演变而来,黑1夹可吃去白方一子。

图4-96 对于黑1夹,白大致可2冲、3打。

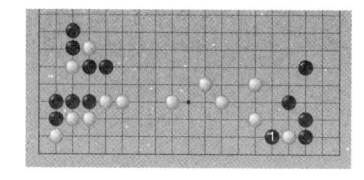

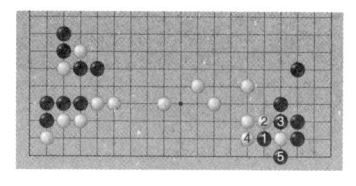

图4-95　　　　　图4-96

图4-97 接图4-96,白若是脱先,黑可以继续于1位扳,搜刮白棋。

图4-98 此棋形若轮到白下,可于1位并,连回一子。黑若于2位扳粘,则落于后手。

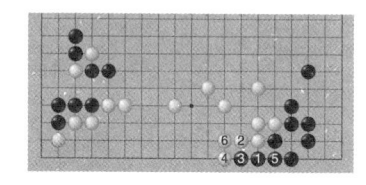

图4-97　　　　　图4-98

图4-99 接上图,白1并后,黑若脱先,则白仍有1、3位先手扳粘的权利。比较图4-99和图4-97的结果,我们可以计算出双方黑夹和白并这两手官子的大小为后手12目。

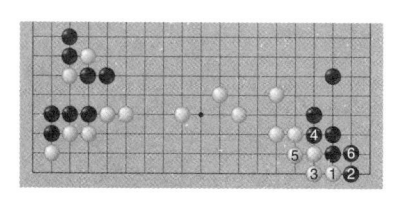

图4-99

06 托

"托"是收官中一种极为重要的方法,它的官子价值一般都不小。

例一

图4-100 是最常见的星位小飞挂定式演变而来的形状,黑先走于1位托,是一手极大的官子。

图4-101 对付黑1托,白大致只能于2位扳,黑3虎,以后5、7扳粘仍是先手,黑先手获利不小。

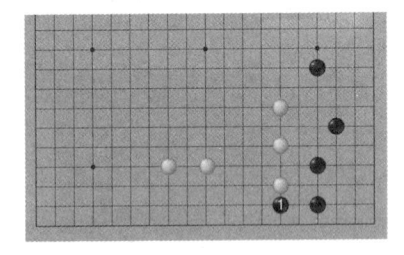

图4-100

图4-101

图4-102 当图4-101 黑3虎时,白若不甘心被黑先手扳粘而于本图4位打,则被黑5翻打后,白得不偿失,局面不利。

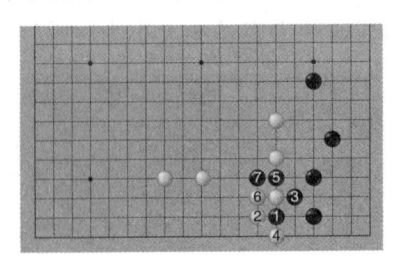

图4-102

图4-103 此棋形若白先下，可于1位尖，黑若于2位粘，则白于3位扳粘仍是先手。

图4-104 如果上图白1尖后，黑若脱先，则本图白有夹的好手法限制。黑若接则白渡，获利甚大。

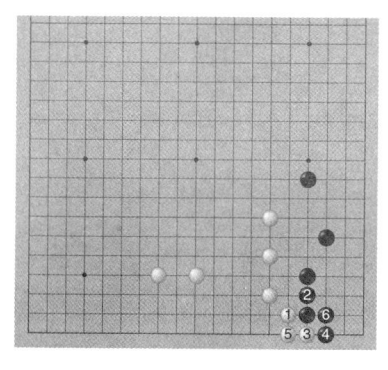

图4-103 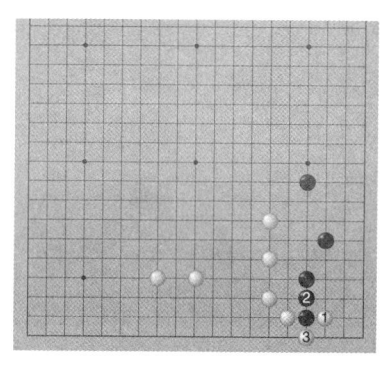　　　　　　　图4-104

图4-105 黑于2位虎虽可守住角地，但白先手吃住一子，相当满意。

图4-106 此棋形中，黑若不托而于1位尖，以下虽仍是先手，但不如图4-101充分。

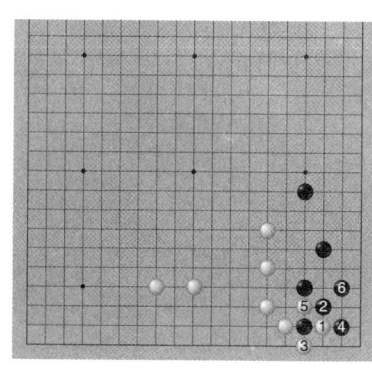

图4-105 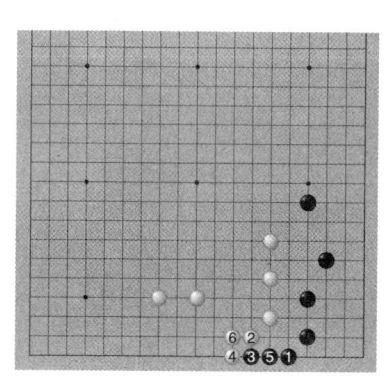　　　　　　　图4-106

图4-107 此棋形中黑1托，同图4-106有相似之处，对此白于2位扳，黑3退，白4补后黑先手收官，便宜不小。

图4-108 黑1托时，白若于2位扳吃黑1子，则黑于2位反打，白不利。

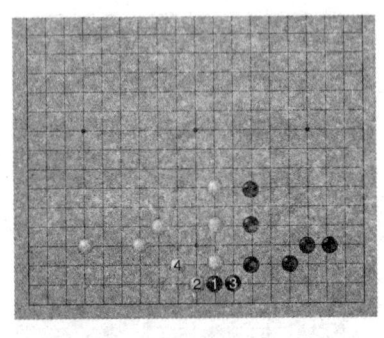

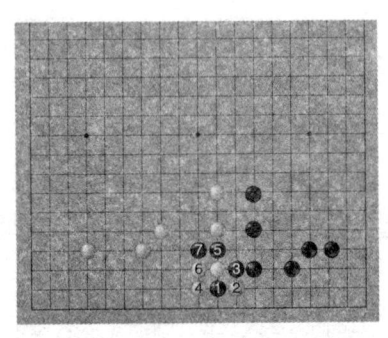

图4-107

图4-108

图4-109 黑若不与图4-108一样托而于本图黑1尖，虽也为先手，但同上图相比，黑目数明显损失2目。

图4-110 此棋形白先下于1位尖是先手，以下至黑6止。再与图4-107相比，黑白目数的差别有9目，所以黑托的官子价值为先手9目。

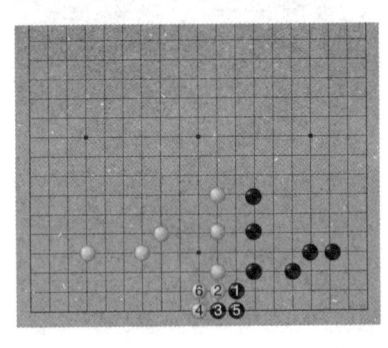

图4-109

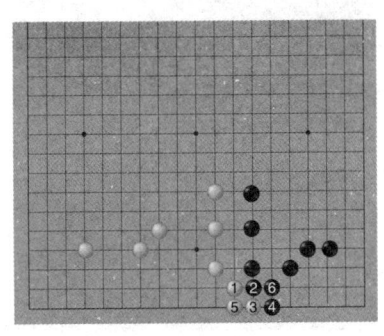

图4-110

例二

图4-111 此棋形白方于1位托,是收官好手。由于黑方气紧,所以大致只得于2位尖退让,白3连回,黑4挡止。

若上图黑4脱先,则白仍有在图4-112托的收官手段。

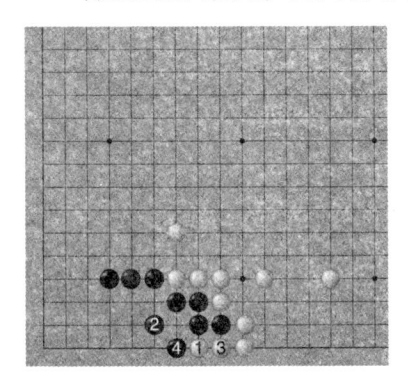

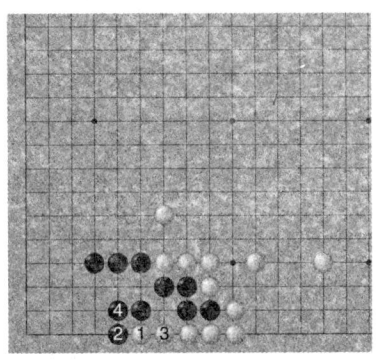

图4-111

图4-112

图4-111中白1托时强调气紧,是因为黑若于图4-113中2位阻渡,则白可于3位打吃,黑将崩溃。

图4-114 黑于1位托是官子手筋,白2只能挡,黑3连回,以下至白6补定型。

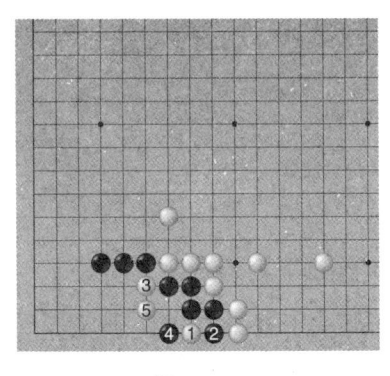

图4-113

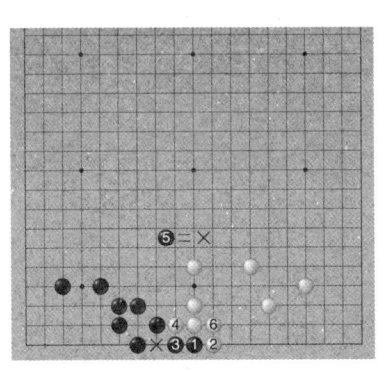

图4-114

图4-115 白可于1位连回一子。与上图相比较,可知道上图黑1托的官子价值为先手3目。

图4-116 黑于1位吃是棋手常犯的错误,被白2挡后,黑比图4-114少破白2目。

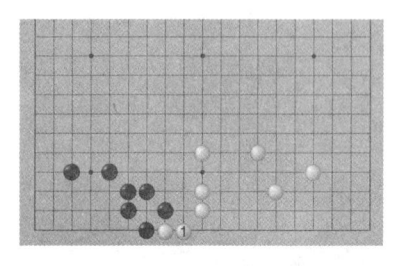

图4-115 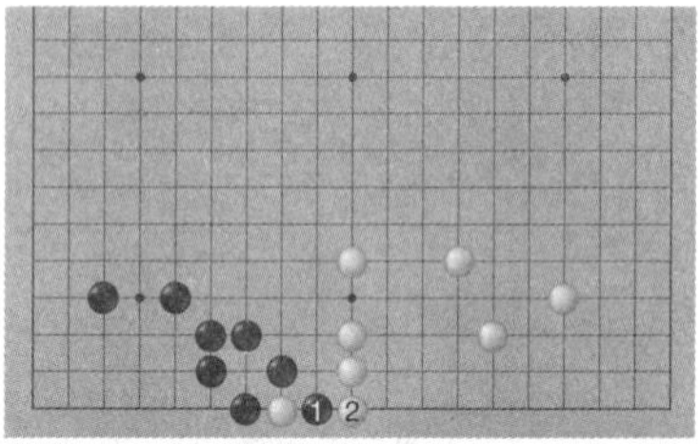　　　　　　　图4-116

例三

图4-117 是星位小飞挂后形成的局面。黑1托是最大限度侵消白空的好手,以下白扳、黑退,黑有利。

图4-118 白若于2位挡阻渡,则黑3长后,5托活出一块,白大损。白4若于A位尖顶,则黑拐出后,白难办。

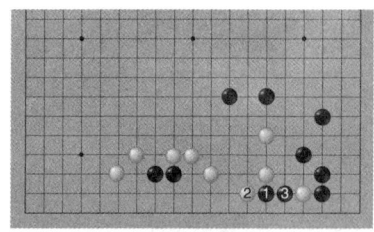

图4-117 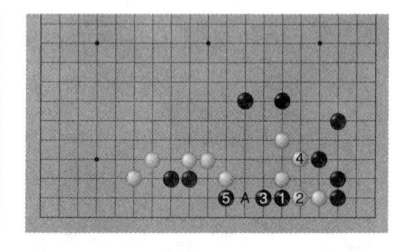　　　　　　　图4-118

图4-119 黑不托而夹也很大,但以下至黑3落了后手。

图4-120 上图白2挡重要,若随手于本图中1冲,则被黑反冲后,反而亏损。

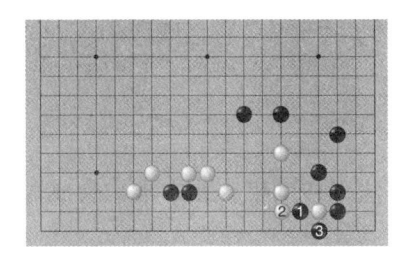

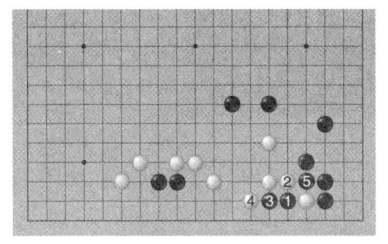

图4-119　　　　　　　　图4-120

图4-121　黑1托也是好手筋，对此白2挡无理，黑3打后成劫，此劫白甚重，黑有利。

图4-122　当黑1托时，白2退补，则黑3连回，白角地锐减。

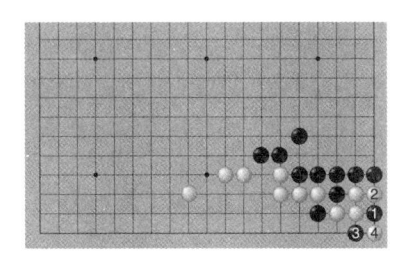

图4-121　　　　　　　　图4-122

图4-123　黑于1冲错误，被白2挡住后，黑收官失败。

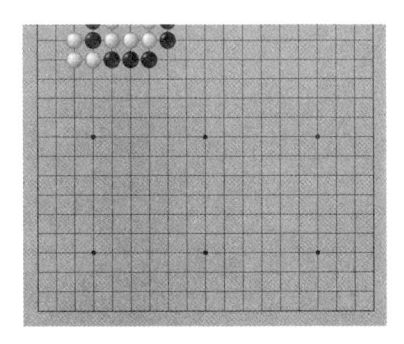

图4-123

07 点

"点"也是收官中常用的手法,在围棋实践中常常会成为妙手的存在。

例一

图4-124 黑1点是官子中争先手的关键之着,白2挡,黑3挤后再5挡,先手达到了目的。白6若不应,则黑于A打成劫。

图4-125 黑若没有下出上图中1点的好手,则白如本图中1、3位扳粘是先手。

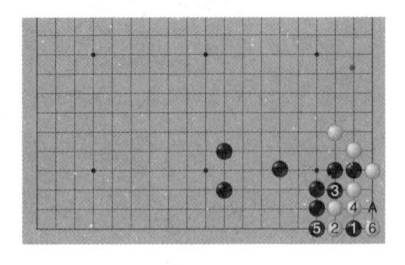

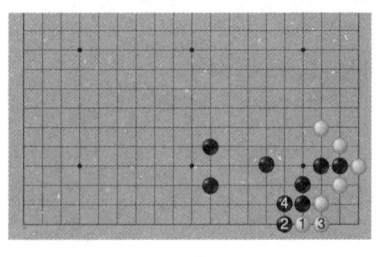

图4-124　　　　　图4-125

图4-126 黑于1、3位扳粘,虽然防止了白于3位的先手扳,但是却落了后手。

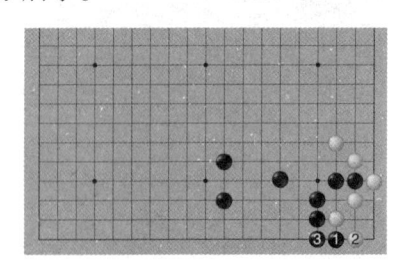

图4-126

图4-127 黑于1位立为后手,以后再点时,白4团后黑仍落后手。

图4-128 当黑于1位点时,白若脱先,则黑可于3位挤。这个结果同上图相比较,优劣明显。

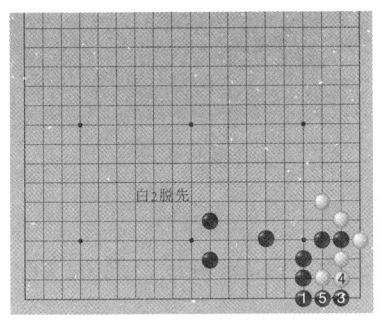

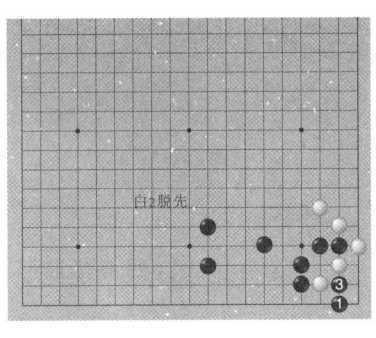

图4-127

图4-128

例二

图4-129 黑1的点与图4-128有异曲同工之妙,对此白如2位挡,则黑依旧以3挤、5挡获得了先手,防止了白的先手扳。

图4-130 黑1点,白如脱先,则黑有5托、7接的先手便宜。本图与上图相比,黑多了4目半,出入可谓相当大。

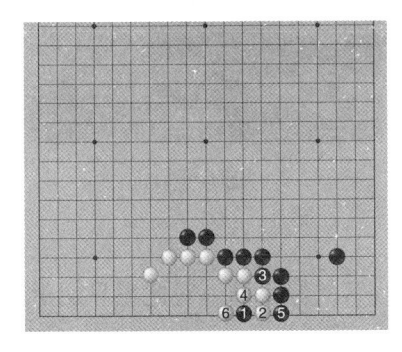

图4-129

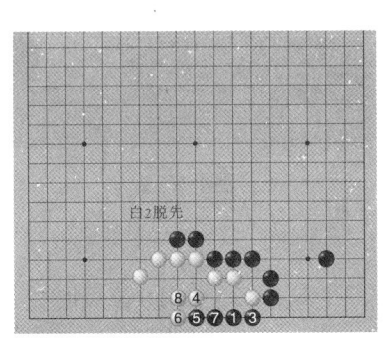

图4-130

图4-131 黑于1位立，则白2可脱先，黑收官失败。

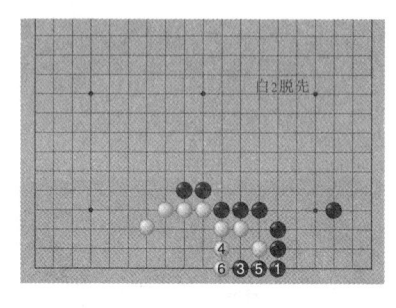

图4-131 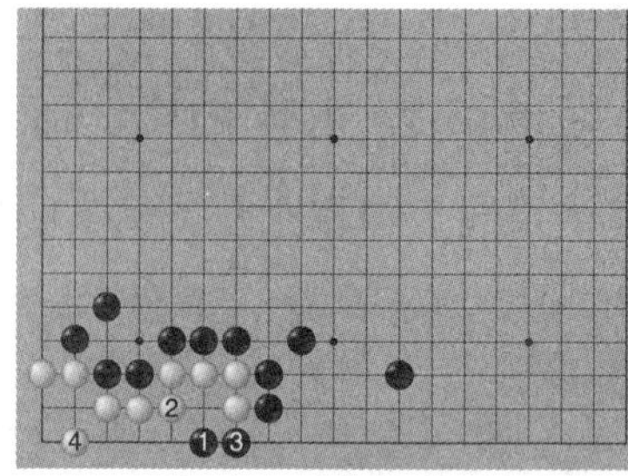　　　　　　　图4-132

例三

图4-132 黑1点也是此手的手筋，白2只得接，黑3连回，白4补活，黑先手获得了便宜。

图4-133 对比上图，白2若挡，则黑3断，黑吃掉白数子，大获成功。

图4-134 黑1扳平庸，白2打，4接后黑明显失败。

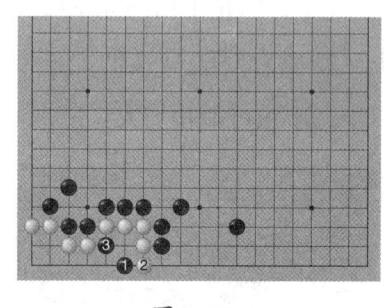

图4-133 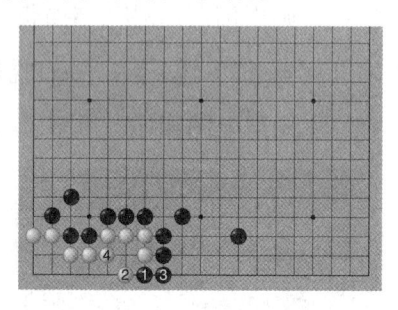　　　　　　　图4-134

例四

图4-135 白于1位点时，是收官的好手筋，对此黑只能于2位跳，以下至黑6，白获利很大。

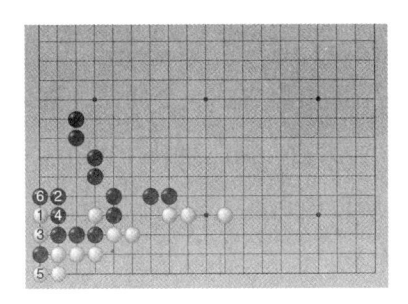

图4-135

图4-136 白若未发现白1点的好手,而于1位贴,则必然黑2挡,以下至白5提一子时,黑可于6位挡住,白稍显不利。

图4-137 对白1点,黑如2位接抵抗,则白有3以下至7的严厉手段,黑方数子被吃,大败。

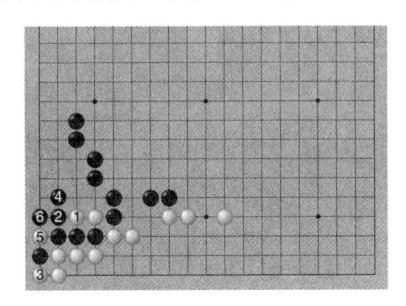

图4-136

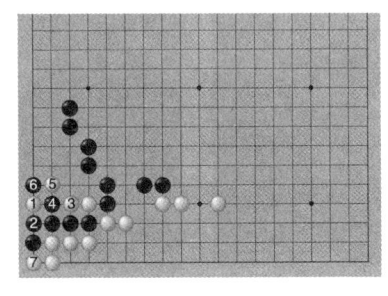

图4-137

例五

图4-138是无忧角形成的一个局面,这个棋形白1点仍是收官手筋,对此黑若2挡,则白3贴后白便宜。

图4-139之所以说图4-138白1点便宜,是因为白若在本图1位尖虽也是先手,但是当白3立时,黑4可单吃,白外围露出断点,不利。

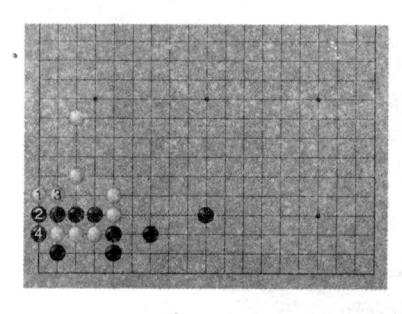

图4-138 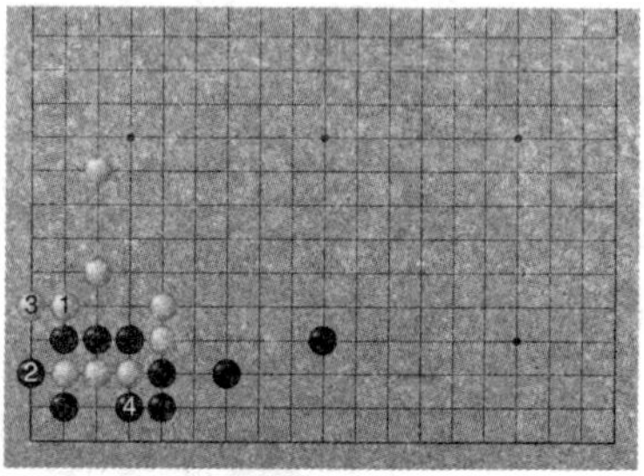　　　　　　　图4-139

图4-140白1点时,黑2若单吃,则白3打吃妙,黑只得接。以下白5先手贴后,外围仍无断点。

图4-140上图白3断打时,黑如图4-141反吃无理,以下白3提,黑4吃时,白于5位打吃做活,黑将崩溃。

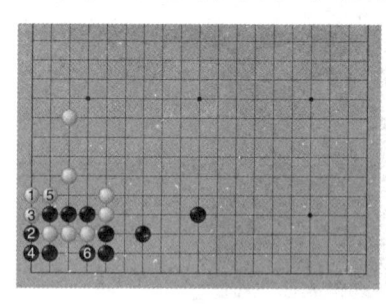

图4-140 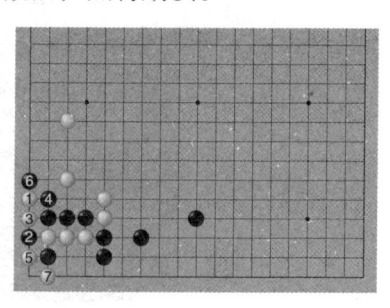　　　　　　　图4-141

例六

图4-142 黑1单点好手。以下白若2位接，则3爬仍是先手，至5先手收官，黑大满意。

图4-143 黑于1位夹普通，白2扳是官子手筋，以下白可利用角部的特殊性获取官子便宜。

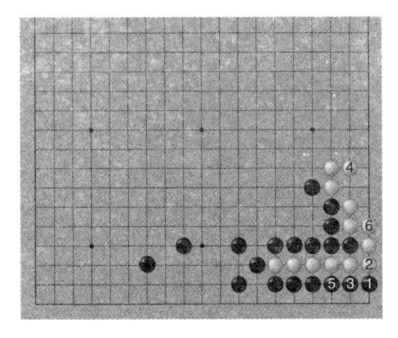

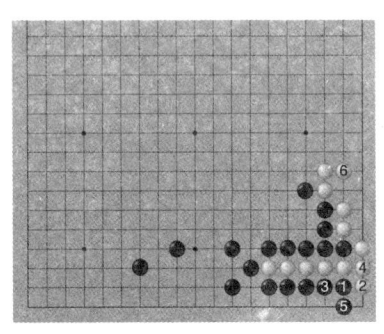

图4-142

图4-143

图4-144 黑若在1位爬，则白2仍是好手，以下至白6与上图结果相同，黑仍失败。

若图4-144 白2不尖，而于图4-145 白2挡，则黑3夹后成劫，白将不利。

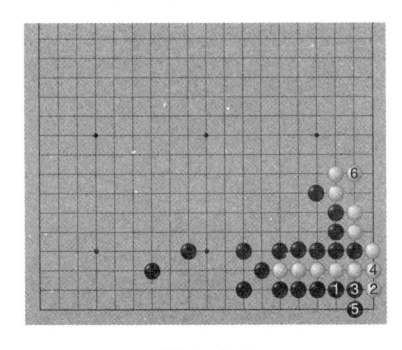

图4-144

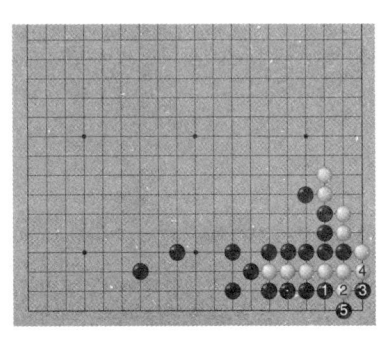

图4-145

例七

图4-146 黑1点是手筋,白若于2位挡下,则黑3扳渡后,白死。

图4-147 所以当黑1点时,白只能于2位尖应,以下至白8,黑先手迫使白2目活,且两边获利,大获成功。

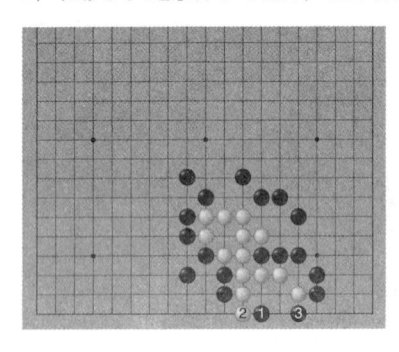

图4-146

图4-147

图4-148 黑在这边点不可,现在白2挡后,黑反而无法渡回,以下至白6,黑2子成接不归,失败。

图4-149 黑于1、3位扳粘失败,白4补后,仍然有A位的官子。

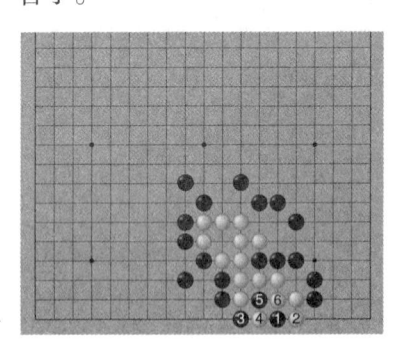

图4-148

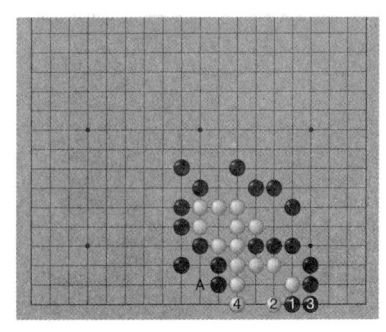

图4-149

08 跳

"跳"是一种极为简单和实用的收官手段。

例一

图4-150 黑1跳细致,以下白2冲,4挡,黑可脱先。

图4-151 黑若不跳而单挡,则白2扳粘后,白将得到先手。

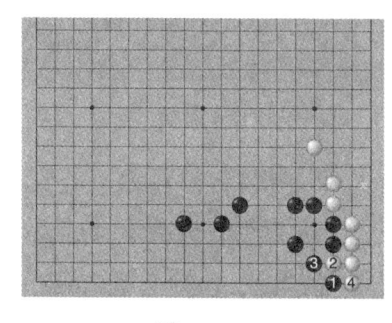

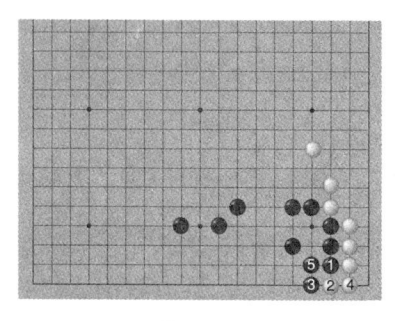

图4-150

图4-151

当图4-150的黑跳后,白若仍脱先,则黑于1位爬仍有2目的价值。比较图4-152,虽图4-150黑目数少了1目,白多了1/2目,但黑得到了先手,所以图4-150的收官比较适宜。

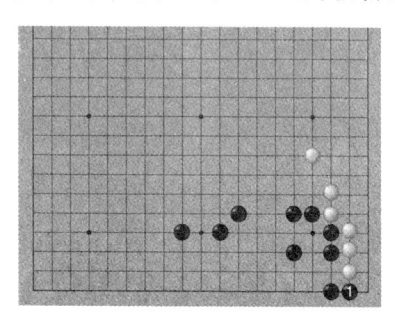

图4-152

图4-153 白1扳时,黑2跳也是正确的收官手法。

接图4-153,黑跳后,白若于图4-154托,则黑接后可脱先。

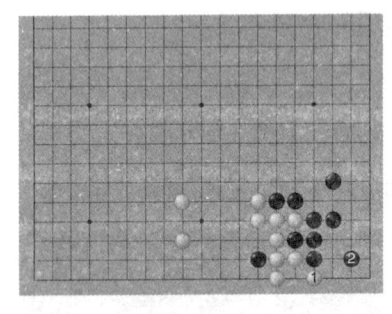

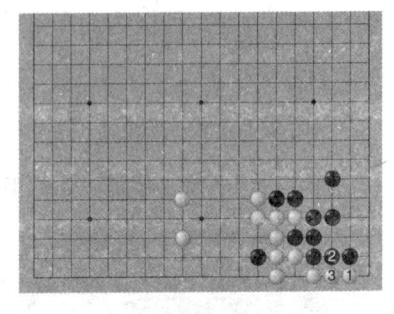

图4-153

图4-154

图4-155 白1扳时,黑如单退,则白爬,可获先手。

图4-156 当黑跳时,白若脱先,则黑仍有机会于1位挡。同上图相比,目数有出入。再比较前两图,虽然目数有所出入,但图4-154黑获得先手,最为可取。

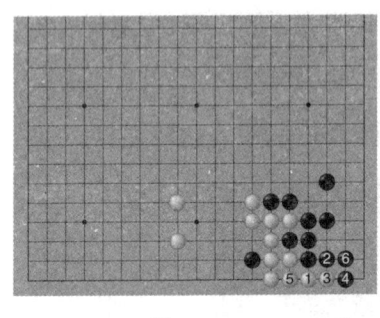

图4-155

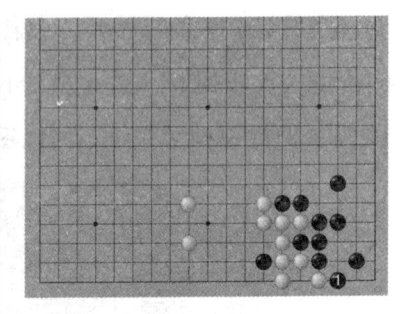

图4-156

例二

图4-157 黑1跳是此时最佳收官手段。对此,白大致于2冲,4夹,才可守住角地。黑5扳时,白6若于7位打,则黑可于

6位开劫，白不行。以下至白12止定型，角上白空有7目。

图4-158 黑于1位大飞虽也是一种收官的常用手段，但是在本图却不适用，以下至黑9粗看似乎同图4-157相差不大，但这时白10可不于A位补，而补在本图立的位置，以后黑空将有差别。

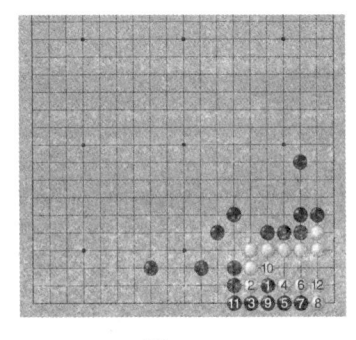

图4-157 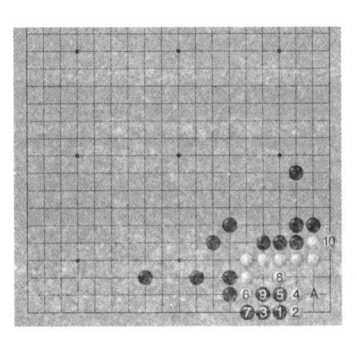　　　　　　图4-158

图4-159 上图白10补后，黑若于本图1位夹，则白2尖后，角上仍有7目，白方的目数并未减少。

图4-160 黑若如本图拐，错误。白2挡，以下至白6，白角地有12目，扣除黑增加的1目，黑仍然亏损4目之多。

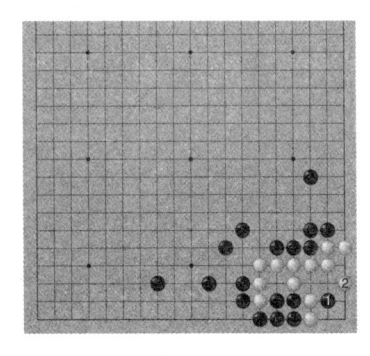

图4-159 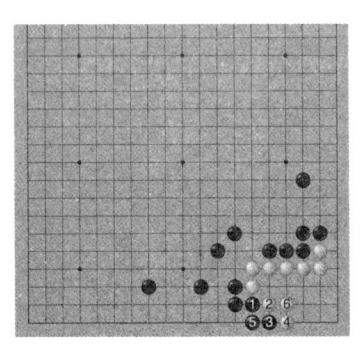　　　　　　图4-160

例三

图4-161 白刚于△扳了一着,这时黑的补法很有讲究。黑于1位吃,再于3位跳补,为好着。以后白于4扳,将会落于后手。

图4-162 黑粘补愚钝,接下来白4、6扳粘又成先手,黑则失败。

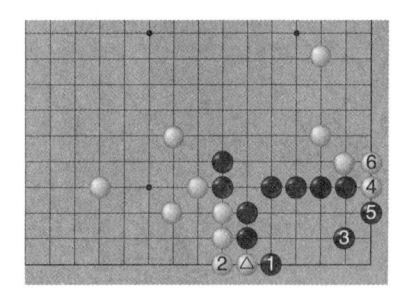

图4-161 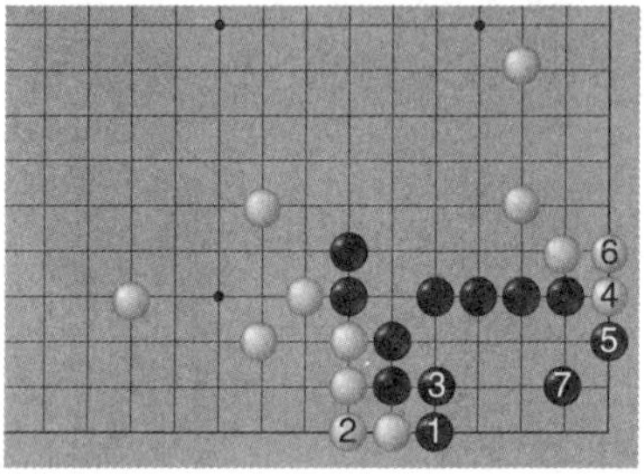　　　　　图4-162

图4-163 白1跳是针对黑形弱点的绝好一手,黑大致只能于2位团,4扳,白先手获得了官子便宜。

图4-164 白1跳时,黑若于2位挡,则白于3位挤后可吃住黑3子,白获利很大。

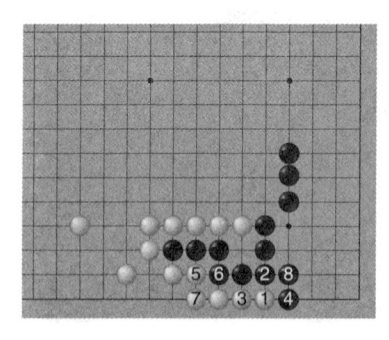

图4-163 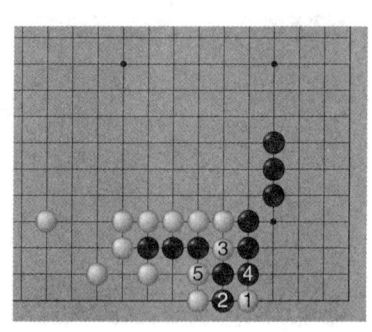　　　　　图4-164

09 靠

"靠"在收官中也会经常碰到,它也是非常重要的收官手法。

图4-165 黑于1、3位扳粘为后手,没有发觉收官手筋。

图4-166 黑1靠是好手,对此,白若单粘,则黑3、5扳粘成为先手。

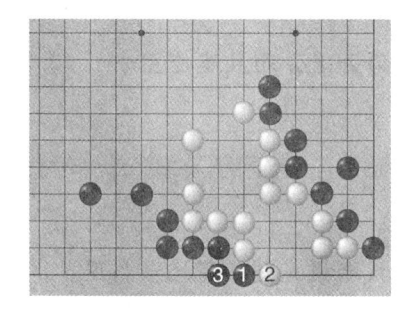

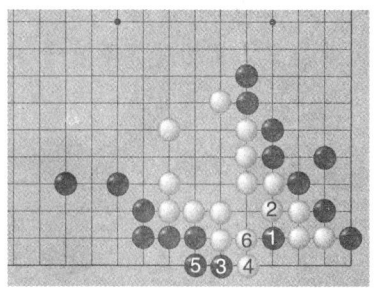

图4-165

图4-166

图4-167 黑1靠时,白如2位夹,则黑3扳也是先手,黑方取得了官子便宜。

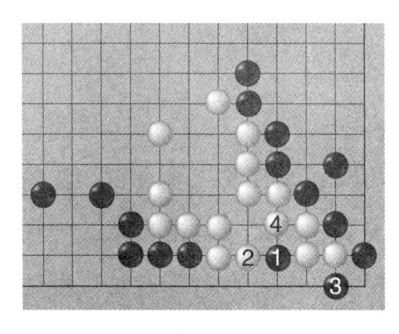

图4-167

趣味链接

过百龄对围棋多有创新，其棋谱流传极广，其中"倚盖"一项至今仍为中外沿用的范型。他在棋坛驰骋一生，继往开来，对明末至乾隆时期围棋的飞速发展，做出了重要贡献。

过百龄的《官子谱》问世不久，清初国手曹元尊在其基础上，进一步进行加工整理，也编辑了一部《官子谱》。

过、曹二人开启了官子研究先河，此后官子著作就接连问世。其中以清代初期著名棋艺理论家陶式玉的《官子谱》和清代棋手下立言的《弈萃官子》最为著名，而且流传至今。

围棋口诀

若是败势别灰心，趁早侵袭找弱棋，刺打断托点利用。
弃子造劫借借气，挑起纠纷比智力，力争败局转棋细。
双先官子抢着走，收官需慎莫大意，布局常形十二种。
中国流和二连星，对角小目一三五，星三三和双三三。

围棋规则

别处走棋找时机，敌之要点我要占，常替敌棋多考虑。
我补厚实敌变弱，局定飞边地域足，寻找敌空冲挤飞。
勿打有变及时打，两打勿打等时机，棋过一半要冷静。
判断形势定大计，若是胜势莫贪心，稳扎稳打操胜棋。

第五章 官子手筋

所谓手筋,是指发现对方棋形上的弱点,并正确和有步骤地加以利用。它不仅在中盘攻防和死活问题等方面起着极大作用,在官子方面同样有着非常重要的作用。

01 基本型一

图5-1 黑于×位夹了一手,白必须吃一手,但是吃在何处却大有讲究。

图5-2 白若于3位打吃,则黑于2位吃后,于4位立,这一局部可以说白已经吃了亏,那么白方的官子手筋是哪一手呢?

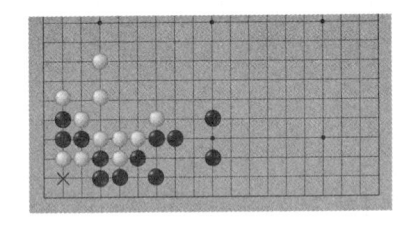

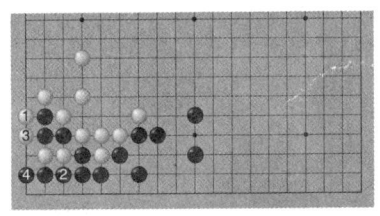

图5-1

图5-2

图5-3 白于1位扳,是正确的下法,黑于2位打吃,白于3位接后,因黑于两边都是不入气,无法吃白,这个结果同图5-2相比差有2目。图5-2黑4若脱先,则被白于4扳后,目数与图5-3基本相同,这样我们可以看出,若图5-2黑4脱先,则黑方在这一局获得了先手,若它处于超过2目的官子,则黑方便宜了2目。

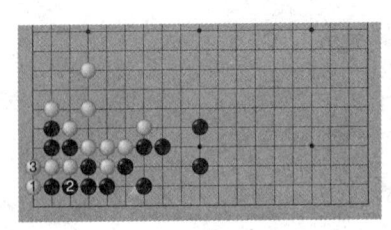

图5-3

02 基本型二

图5-4 白在棋形上有一些弱点,那么黑方如何利用白空中的一个残子而获取最大的官子便宜呢?

图5-5 黑若随手于1位打吃,然后于3位扳收官,以下至白6,虽然黑是先手收官,但没有走出最佳结果。

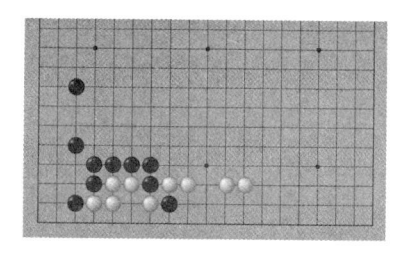

图5-4 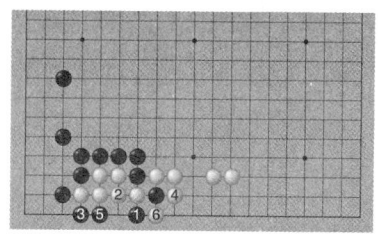　　　　　图5-5

图5-6 若黑于1位单扳,则白有2位做眼的好手段,黑仍旧不利。

图5-7 黑1点,是好手筋。对此白只能于2位粘,然后黑再于3位扳,白4吃,以下至白6止。本图与图5-5相比较,黑方获利2目。

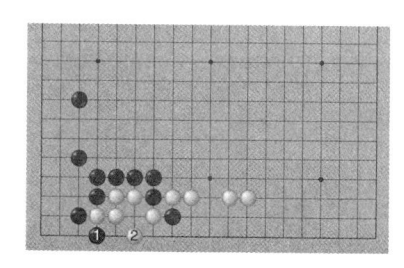

图5-6 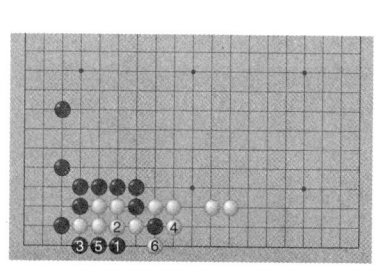　　　　　图5-7

03 基本型三

图5-8 白方5子已死,但白方劫才有利。该如何最大限度地利用这五个残子呢?

图5-9 白1单尖妙手。对此白若于2位单长,白3再扳,绝妙。黑4只得打吃,白5爬渡,当黑6吃时,白7反拔黑一子后,黑只能于△位反打,白仗着劫材有利强行于9位吃后,黑若想活棋只能外逃,白方则拔去黑方6子,获得大利。

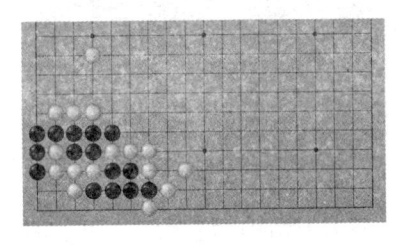

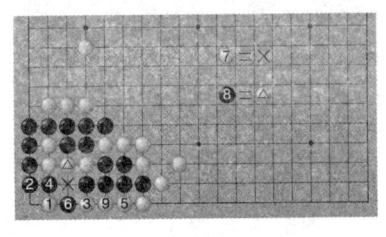

图5-8

图5-9

图5-10 当上图白1时,黑不可于2位单拐,否则白于3位爬,黑4无法紧气,则黑方七子将被白吃掉。

图5-11 白若没有发现上图所示的妙手,单于白1爬,则至黑4提,白失败必然。

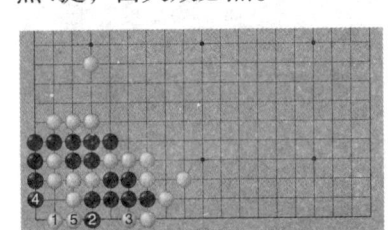

图5-10

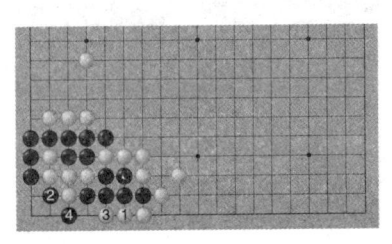

图5-11

04 基本型四

图5-12 黑棋形有缺陷,白如何利用黑形的漏洞来获取官子便宜呢?

图5-13 白1点正中黑方的要害,对此黑因气紧只能于2位接,但是白3尖失误,被黑于4位打后,白5反打成劫。

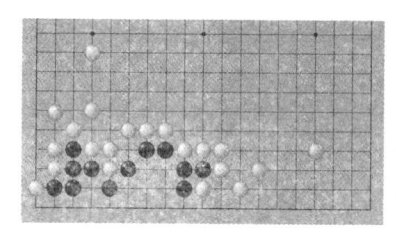

图5-12 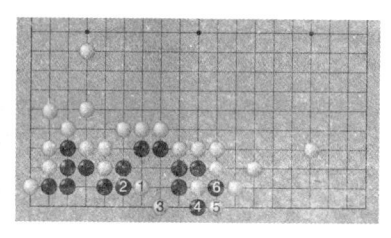　　　　图5-13

图5-14 白1点后再于3位单立,绝妙。黑因无法将白1子断开,所以只得于4位做眼,白5扳,黑6做活,整个黑空搜刮得只剩2目,惨烈至极。

图5-15 如果没有发现上图所示的收官手筋,简单于1、3位扳粘,再于5位挤,这样整个黑空共有9目,出入将会有7目之多。

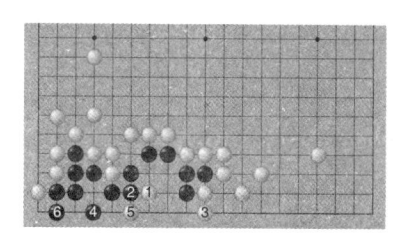

图5-14 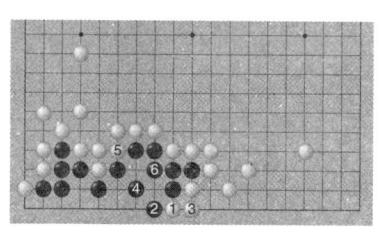　　　　图5-15

05 基本型五

图5-16 白方虽已做活,但棋形尚有不完善之处,如何利用白形的弱点,来获取官子便宜呢?

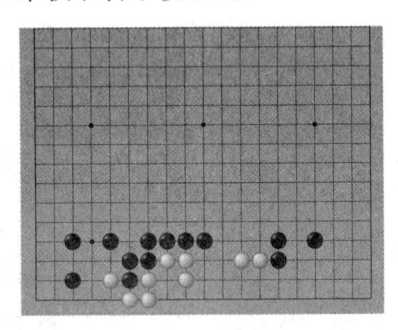

图5-16

图5-17 黑1托妙。对此白若于2位挡下,则黑3扳,白4吃,以下至黑9成为一个明显黑轻白重的大劫,白不行。

图5-18 对黑1的托,白大致只能于2位扳,黑3退,黑棋达到了先手收官的目的。

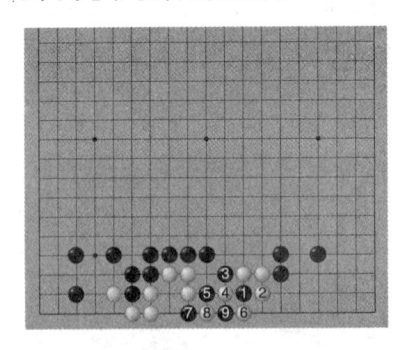

图5-17 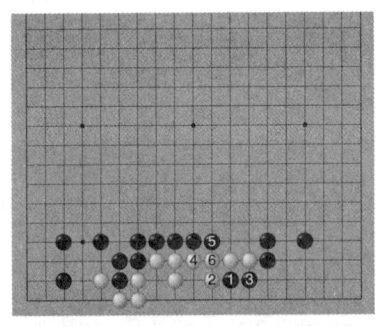   图5-18

06 基本型六

图5-19 因白有A位的先手扳粘,所以黑的目标,是能够先手解消白的先手扳粘。

图5-20 黑于1、3位扳粘是后手,没有走出最佳的手段。

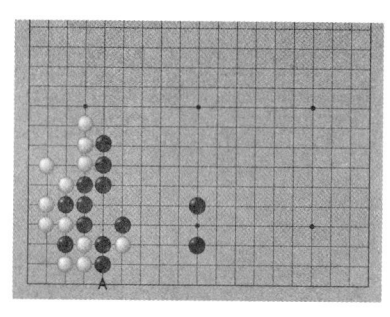

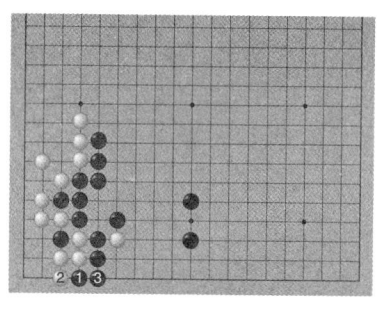

图5-19　　　　　　　图5-20

图5-21 黑于1位扳是收官好手段,白2大致只能吃黑3,这是连贯的手筋。白4若于5位扳,则黑于A位打吃后两子已渡回。所以白4只能挡,这样黑于5位立,达到了先手解消白棋扳粘的效果。

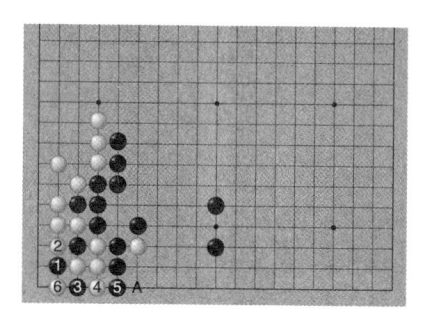

图5-21

07　基本型七

图5-22 中因为留有白A的断吃，所以黑方怎样将这一子先手连回，是一个难题。

图5-23 黑于1位冲，再3位接，这样后手收官，所得有限，不可取。

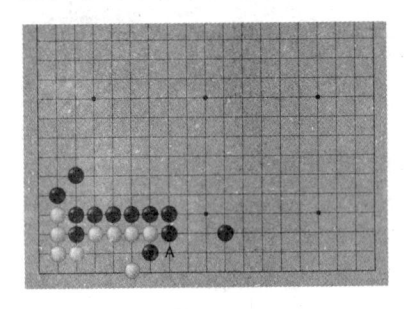

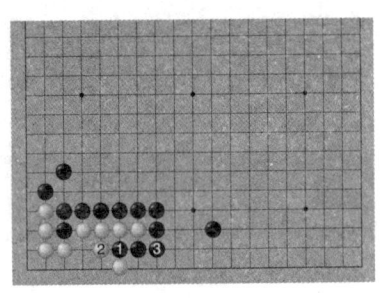

图5-22

图5-23

图5-24 白若于2位吃，则黑也达到了先手补断的目的。

图5-25 之所以说上图先手补了断，是因为白若于1位断的话，黑于外侧2、4打吃，正好将白吃了一个接不归，白不行。

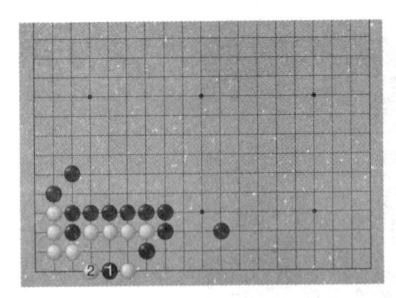

图5-24

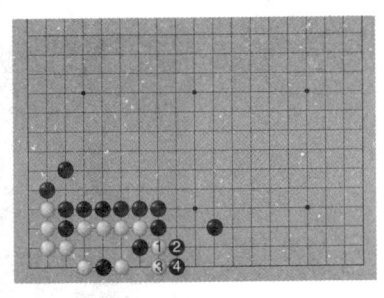

图5-25

08 基本型八

图5-26 白阵似乎完善，但是仍有可利用之处，如何利用白气紧的弱点，是黑棋胜负与否的关键。

图5-27 黑若于1位单扳，则白2跳好手，黑不利。

图5-26

图5-27

图5-28 黑于1位点，正确。对此白如果于2位顶，则黑3扳渡后比上图便宜很多。

图5-29 当黑于1位点时，白于2位团并不能阻止黑渡回，以下黑3扳，5吃，白崩溃。

图5-28

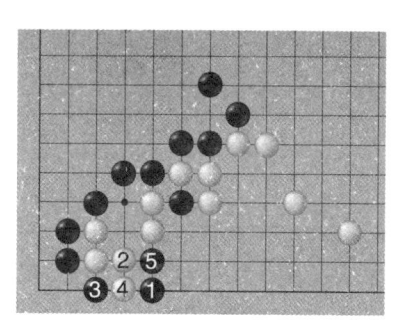

图5-29

09 基本型九

图5-30 本型白若于A位连回是后手，如于B位连，被黑于C位扳后，白必须于A粘。那么如何发现手筋，以求达到先手连回白两子呢？

图5-31 白1点是好手筋，黑若于2位挡断，则白3位连回成先手。

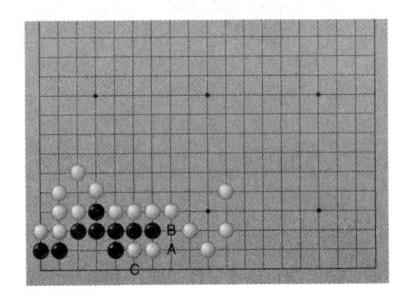

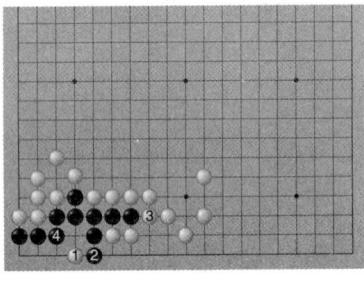

图5-32 白于1位点，黑若2位尖，白3退回，取得先手。

图5-33 白1点入，黑不可2位扳下，否则至白5，黑全死。

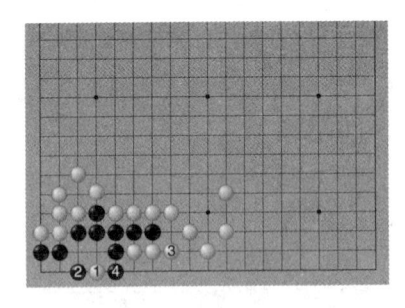

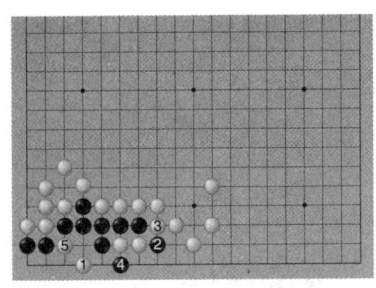

10 基本型十

图5-34 粗看下,白空已无毛病,但黑若充分利用白阵中的一颗残子,将会收到意想不到的效果。

图5-35 黑1点好手,对此白只能于2位尖,黑3断吃一子,获得了最大的官子便宜。

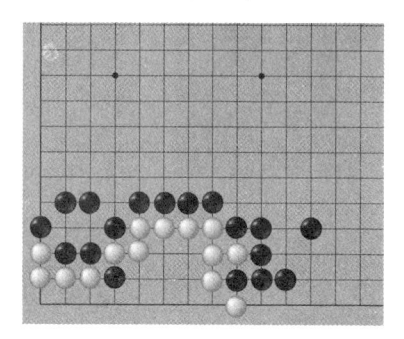

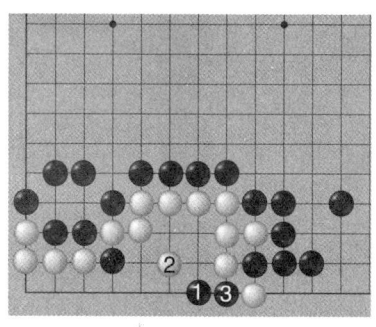

图5-34

图5-35

图5-36 上图白2若接于本图1位,则黑2扳,当白打吃时,黑又可以于4位扳做劫,白则不行。

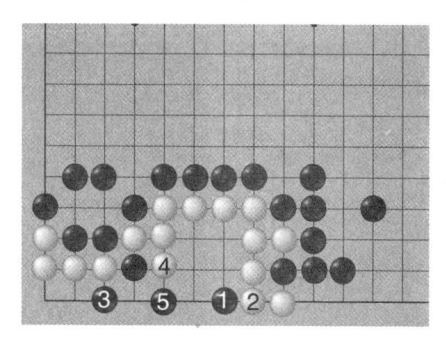

图5-36

11 基本型十一

图5-37 白棋由于撞紧了气,在棋形上有了缺陷,黑方可以利用这一缺陷对白空进行侵消,那么第一步着于何处呢?

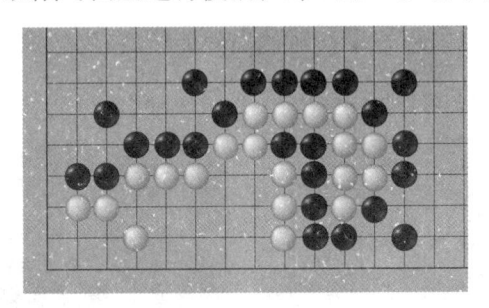

图5-37

图5-38 黑1夹时,白如2位立下反击,黑便走3、5分断白棋,以下双方对杀,白由于差一气而被吃。

图5-39 黑如1位扳,白只能于2位补,黑3跳入白空。以下至白6止,虽然也先手消减了白空,但是与图5-38比较,本图的白地增加2目。

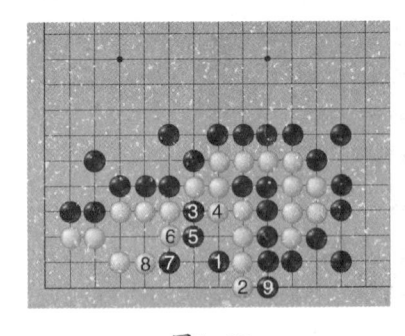

图5-38

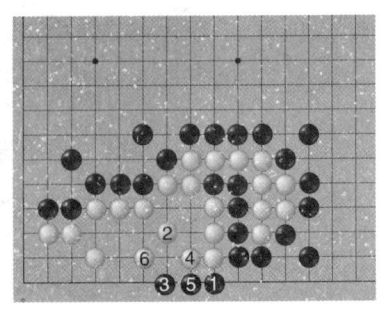

图5-39

12　基本型十二

图5-40 官子稍显复杂，黑应该如何收官，才能最大限度侵消白空呢？

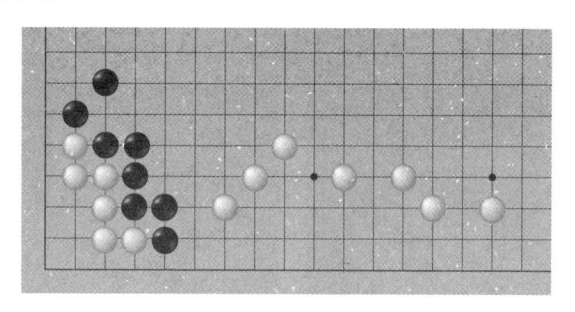

图5-40

图5-41 黑1单扳为先手，再于3位大飞，看似好手，但却漏过了破空的手筋。

图5-42 黑1单立，是盯着白角右边上弱点的收官好手。以下白若补角，则黑可于3位直接深入白右边，如此黑所破目数比上图显然要多。

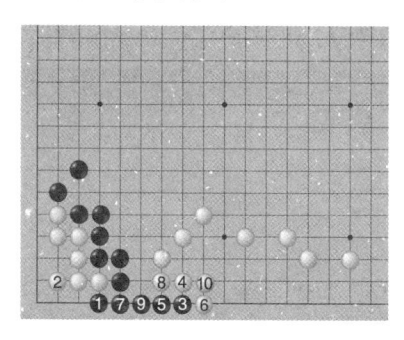

图5-41 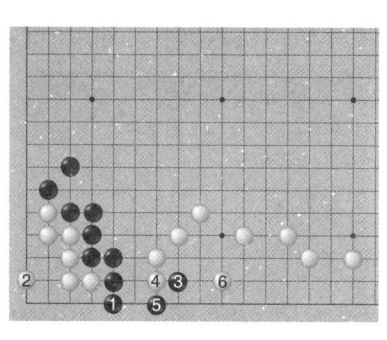　　　　　　图5-42

图5-43 白在黑于1位单立后,如欲防黑深入白边空而于2位补,则黑于3位靠巧妙。以下白若扳,黑5小尖是手筋,白角成劫,此劫白重黑轻,白明显不利。

图5-44 白若于1位吃,3挡做眼不妥,当黑于4位扳时,即可看出黑△挡紧住了白气,白因气紧而无法于A位阻渡,白角成了净死。

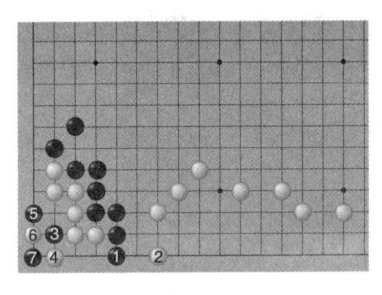

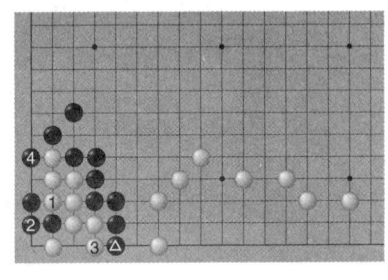

图5-43

图5-44

图5-45 在图5-42中黑3深入白空,之所以破白空效果好,皆因在白4夹时,黑若劫材有利,可于本图7位反夹,此为官子手筋。白若想于本图阻渡,则至黑9形成倒扑,白崩溃。

图5-46 接图5-45,当黑反夹时,则黑3渡回,白损失太大,所以白大致只能如图5-42所示于6位单飞。

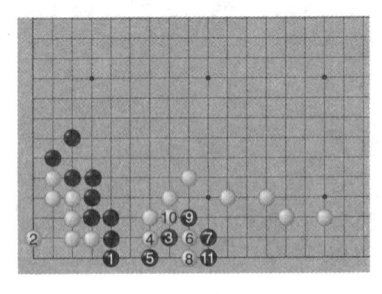

图5-45

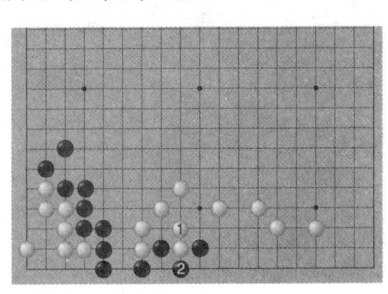

图5-46

13 基本型十三

图5-47 局面很大,但焦点却在于下边的官子情况,下边虽然狭窄,但是变化也很多。

图5-48 此棋形,被白1、3扳粘后,白空颇大。

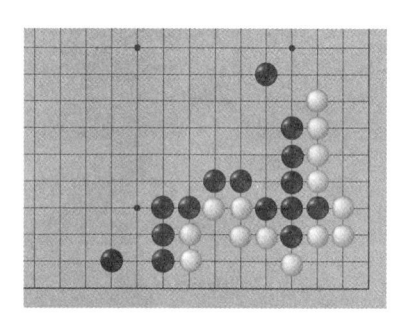

图5-47

图5-48

图5-49 黑于1位点入,是正解手筋,白2应,黑3扳,使白4屈服,黑变得充分。

图5-50 对黑1,白2则断。黑再于3位断,以下虽然含有劫,但是至白8,如果顺利进行,与图5-49相比,白稍损。

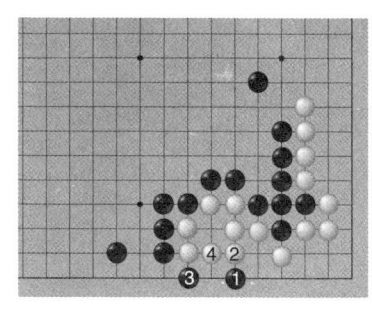

图5-49

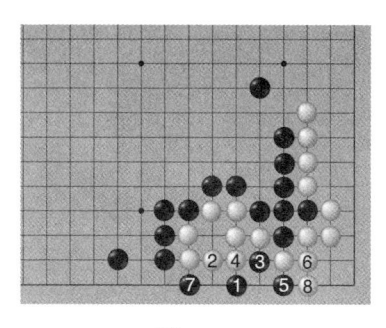

图5-50

图5-51 白2立，强硬。但是可于3位断，黑5先手打，是"无忧劫"。

图5-52 白4如果在图5-52 1位接，则黑2一扑，白将会彻底崩溃。

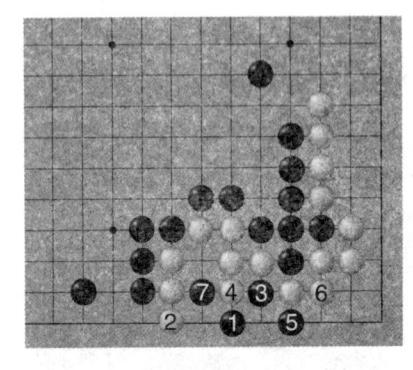

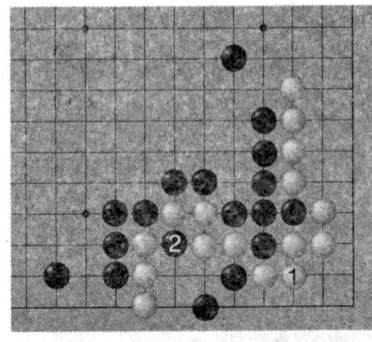

图5-51

图5-52

图5-53 对于白2尖顶，黑可以于3位打，当白4粘时，黑走5、7位，白崩溃。若把黑5改在7位断，同样可行。

图5-54 白2尖顶是有问题的应手。黑3、5渡过，则白6不可省略，在这里黑7断是手筋，黑是先手，很明显，白损。

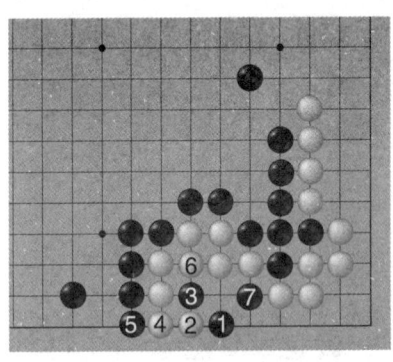

图5-53

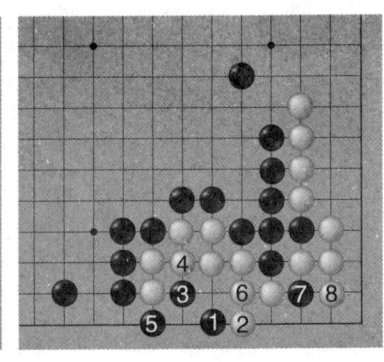

图5-54

图5-55 黑1扳,手段过于简单。白2拐,无惧任何威胁,其后即使黑占A位,白也可以走B位,和图5-49差别很大。

图5-56 白2挡,无理。对于黑5,白如果于1位粘,则黑A,白崩溃。白也不应该打劫,因为黑方为无忧劫。

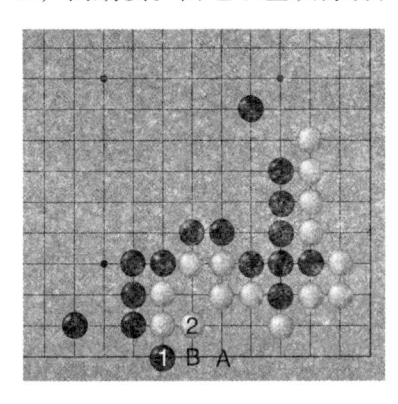

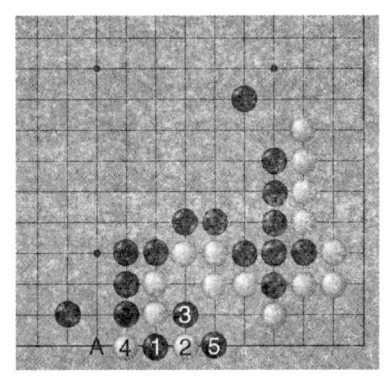

图5-55

图5-56

图5-57 黑1扳,白2位跳,是急所,但是会有目数损失。至白8,白地将大减。

图5-58 若黑1夹,白2立,则可保平安。黑再无好应手。

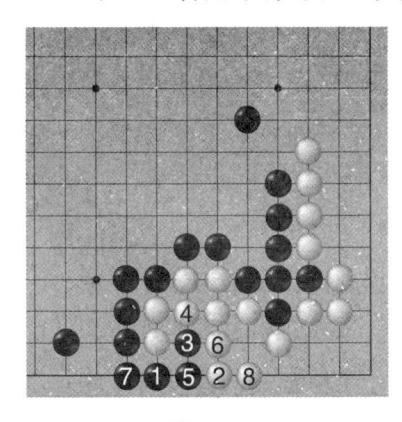

图5-57

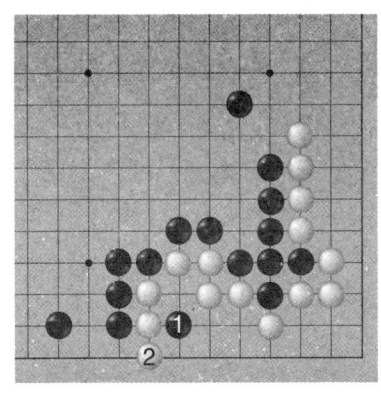

图5-58

趣味链接

陶式玉在其《官子谱》一书《自序》中开宗明义："《官子谱》始自过百龄。"陶式玉生活年代稍晚于过百龄，他是康熙年间进士，曾任蠡吾县令、台谏、两淮盐运使。

康熙二十八年秋，陶式玉客居广陵时，多次观看国手吴瑞徵、胡安士对局。他发现双方的胜败往往取决于官子之得失，在赞叹之余，开始编写自己的《官子谱》。

陶式玉说："因取官子旧谱细加鉴定，增以国手对局之官子而翻新。"其"旧谱"指过百龄、曹元尊的《官子谱》而已。

围棋口诀

同型小目错小目，宇宙流和对角星，小林流和星小目。
各型特点要熟记，布局掌握三原则，空守挂角是次序。
再占急所与大场，借势开拆是大棋，选用定式看全局。
上下左右搭配齐，自己已活可脱先，抢占要点别犹豫。

围棋规则

收官先看一二路，双先官子抢着走，征子就像滑滑梯。
五条斜线分得清，轻子该弃就要弃，宁失几子不失先。
看见朋友拍拍手，看见敌人马上停，不走愚形走好形。
不下废棋讲效率，大局要点别放弃，急所大场比谁急。

第六章　收官技巧

围棋收官阶段，可以说是围棋中极为重要的一个环节，而收官的技巧更是重中之重。要知道对于收官技巧的运用，是可以帮助我们以绝对的优势，或是把颓势扭亏为盈，赢取最终胜利的。

01 第一型

图6-1 基本图。当白棋没有外气时,角上就产生了搜刮的手段。

图6-2 失败图。黑1、3扳粘十分乏味,仅仅得到了后手2目棋的实地。

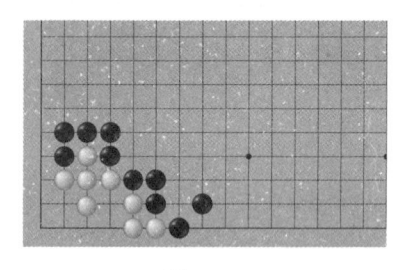

图6-1 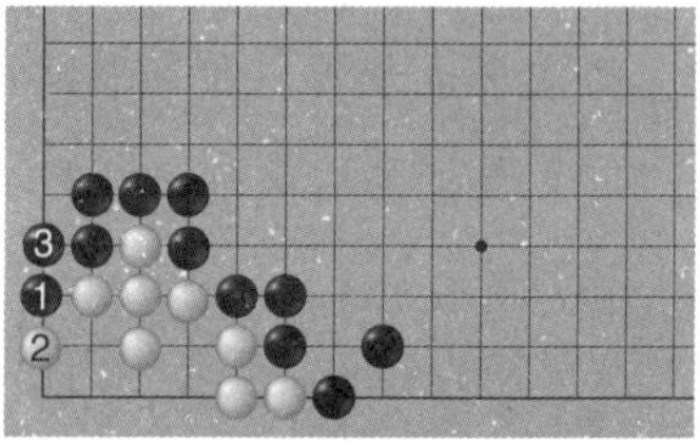 图6-2

图6-3 正解图。黑1点在白棋空内,迫使白棋只能走2位挡,接下来黑3、白4、黑5,角上成为双活。白若想在A位打吃,则黑B扑,白亏损。

图6-4 变化图。白2压不好,黑3爬,白棋由于气紧而无法打吃黑两子,即将失去活路。

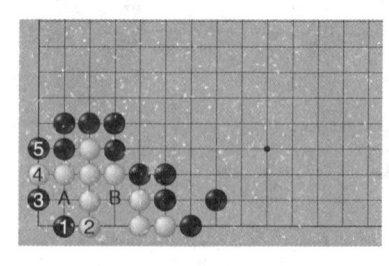

图6-3 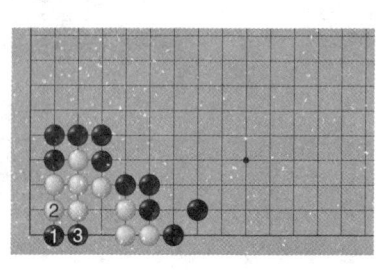 图6-4

02 第二型

图6-5 基本图。白棋在两边都有先手扳粘，正常下，黑只能防住一边。但是手筋一发，情况就不同了。

图6-6 失败图。黑1、3扳粘后手，难挡白在4位先手扳。

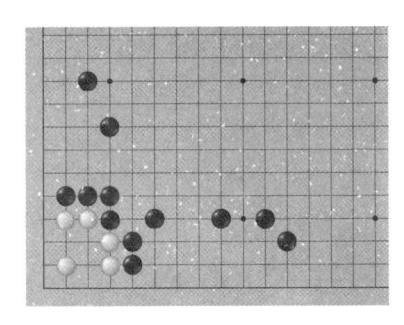

图6-5 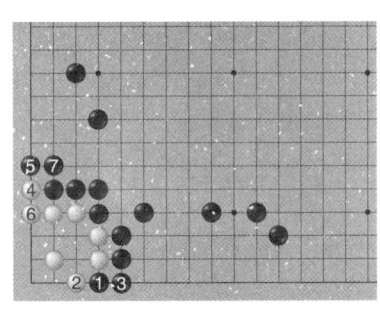　　　　　　　图6-6

图6-7 正解图。黑1断巧妙，白2打吃，黑得到3位的先手打，以下可走5位的官子。白2走4位打吃，结果也一样。

图6-8 参考图。黑棋假如脱先，白1扳时，黑2断就晚了。以后A位扳仍是黑的权利。

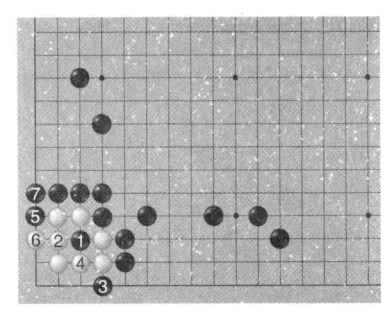

图6-7 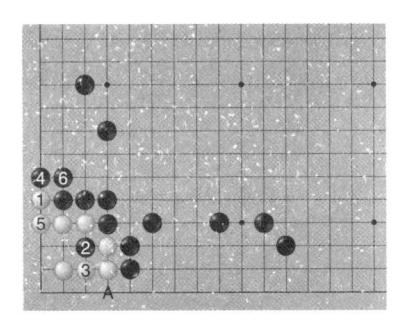　　　　　　　图6-8

03 第三型

图6-9 基本图。白棋在结构上有些薄弱,这将成为黑棋侵入白空的有利条件。

图6-10 失败图。黑如1位扳,白2跳补,黑不能算成功。

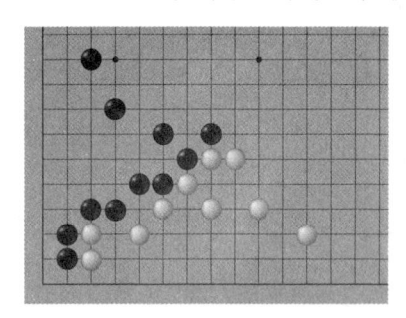

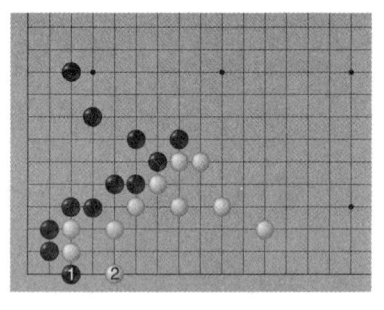

图6-9

图6-10

图6-11 正解图。1位是白棋的防守要点,同时也是黑棋的进攻要点。至白6,是双方最好的应对。

图6-12 变化图。白2曲试图阻渡,会遭到黑棋3、5、7的强力破坏,白明显大亏。

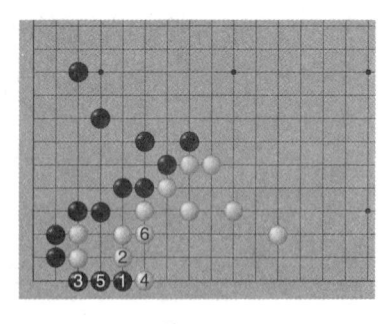

图6-11

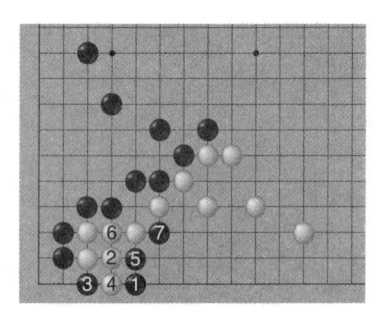

图6-12

04 第四型

图6-13 基本图。角上黑子和白子比气肯定不行,但利用这两颗子,黑棋有便宜可得。

图6-14 失败图。黑1、3扳粘,就失去了机会。

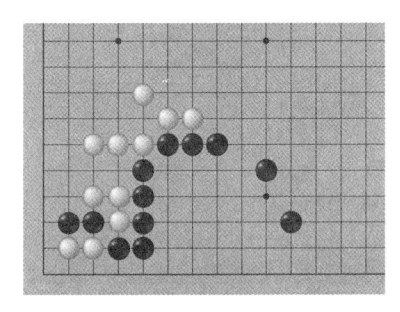

图6-13

图6-14

图6-15 正解图。黑1夹,再进一步,是收官好手,白2打吃,则黑3先手打。这个结果,黑显然优于上图。

图6-16 变化图。白2打吃,黑有3位做劫的棋,白棋负担不轻。

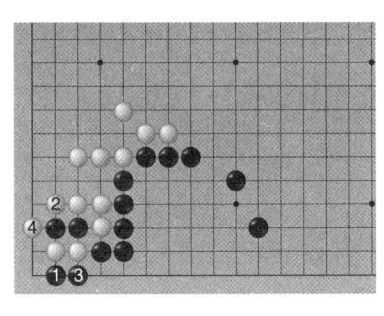

图6-15

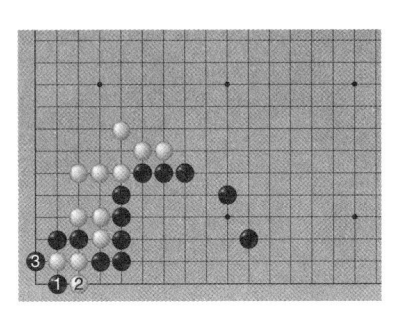

图6-16

05 第五型

图6-17 基本图。这是如何利用角上一子来收官的问题。

图6-18 失败图。黑1扳，可先手收官，但这样简单的下法，是无法达到满意结果的。

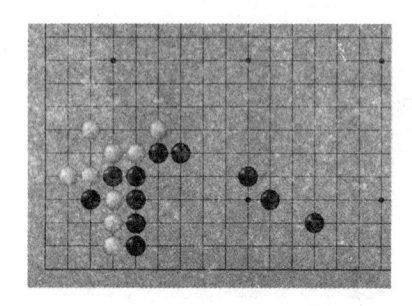

图6-17 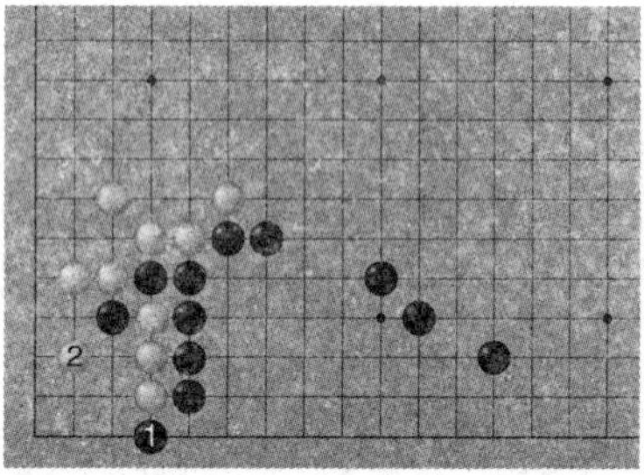　　　　　　图6-18

图6-19 正解图。黑1尖，是值得记住的手筋。白只好2位打吃，黑3以下把白角完全掏空。

图6-20 变化图。对于黑3的打吃，白走4位虽然可以多得一点目数，但最后却落了后手，不划算。

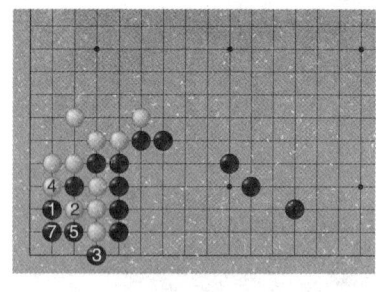

图6-19 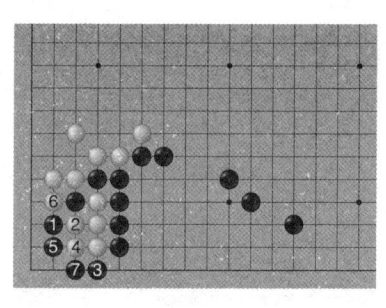　　　　　　图6-20

06 第六型

图6-21 基本图。用一般的手法,黑棋无法得到最佳收官效果。

图6-22 失败图。黑1后手夹吃一子,并不是很满意的结果。

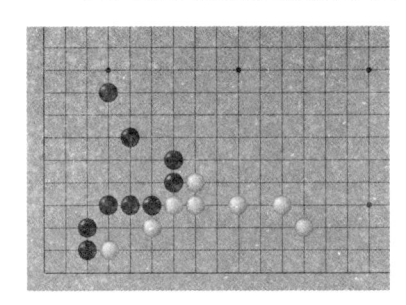

图6-21 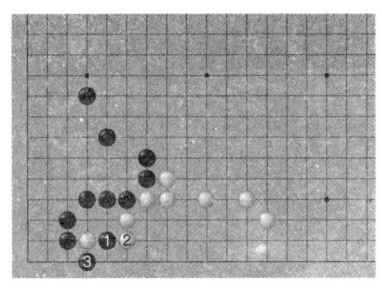　　　　　　　图6-22

图6-23 正解图。与上图一样同为夹,但是本图的黑1更加有力。白2接则黑3退,以后还留有跳的后续官子。

图6-24 变化图。白2是坏棋,被黑3打、5接后,白棋被吃。另外,白2如走5位,黑4位打后在2位接,黑目数将很大。

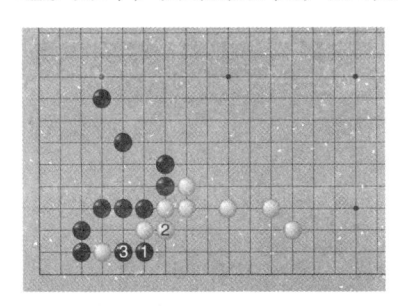

图6-23 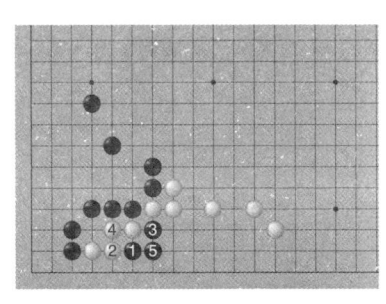　　　　　　　图6-24

07　第七型

图6-25 基本图。黑棋先走，在角上如何收官呢？

图6-26 失败图。黑1打吃是随手棋，白有2位的抵抗。此后，黑最多先手提一子，不够充分。

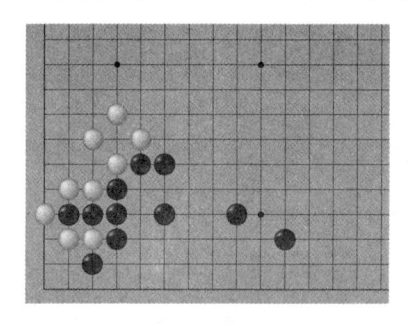

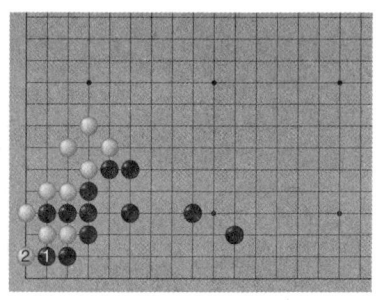

图6-25

图6-26

图6-27 正解图。黑1跳在"二1位"，才是此时的正着。白如2位接，黑3、白4后，黑先手获利。

图6-28 变化图。白2如脱先，黑3断，继而还有A位先手提一子的后续官子利益。

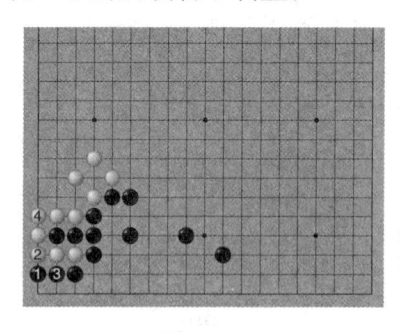

图6-27

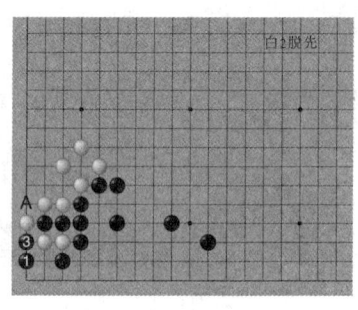

图6-28

08 第八型

图6-29 基本图。黑1、3扳粘,白棋的应法看似简单,其实也不能大意。

图6-30 失败图。白1虎补实在很一般,接下来,黑2、4的扳粘又是先手。

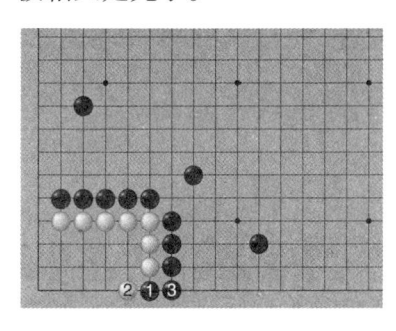

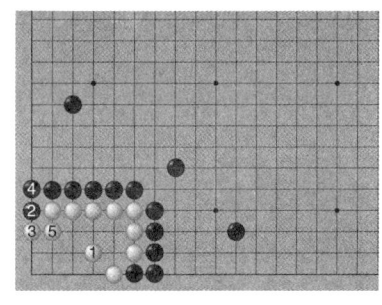

图6-29

图6-30

图6-31 正解图。白1跳在此处,不仅可以补住断点,还可防止黑棋左边的先手扳粘,是效率很高的一手棋。

图6-32 参考图。对白1的跳补,黑2打吃是不成立的。

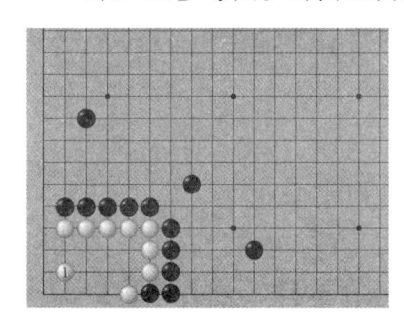

图6-31

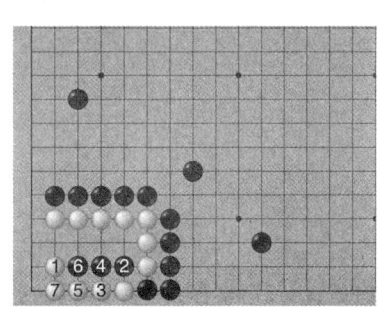

图6-32

09 第九型

图6-33 基本图。黑棋被困的一子,能否利用一番呢?

图6-34 失败图。黑1断,意在用弃子获利。但这样只是能够得到3位的先手扳而已。黑棋显得无趣。

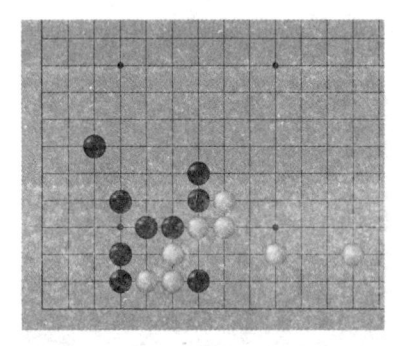

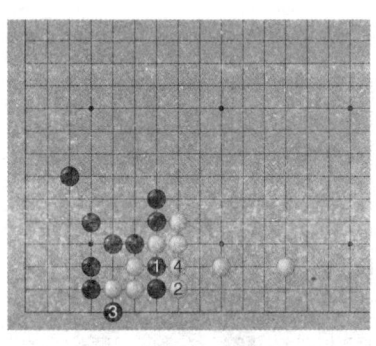

图6-33

图6-34

图6-35 正解图。黑1在下面扳,好棋。白2、黑3后,白如A位打,黑已先手便宜。白如脱先,黑A位长的官子不小。

图6-36 变化图。白2挡大恶手,被黑3断,白棋无法逃脱。

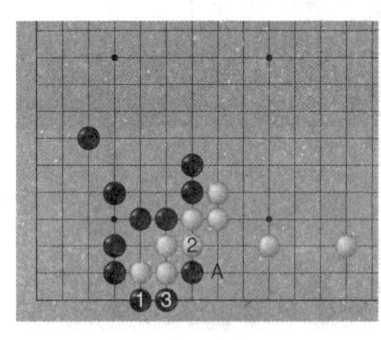

图6-35

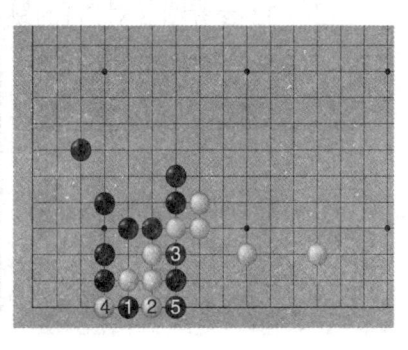

图6-36

10 第十型

图6-37 基本图。黑棋一路立,并非没有作用,这一点需要我们谨记。

图6-38 失败图。黑1冲和白2挡交换,非黑棋理想结果。

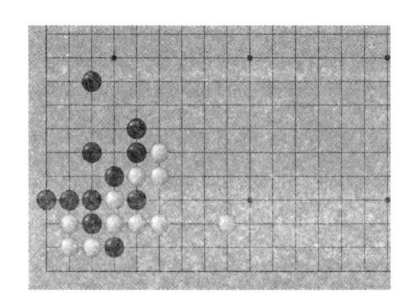

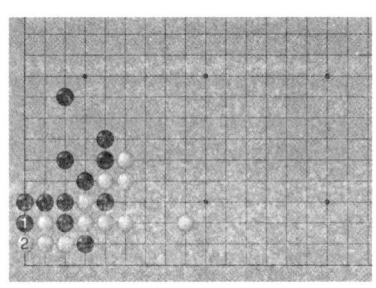

图6-37

图6-38

图6-39 正解图。黑1托在此处,正确。白棋局部没有好的应手,一般会脱先,那么3、5就成为黑棋的权利。

图6-40 变化图。白2阻渡,必须把黑3的做劫手段考虑进去。这个劫白重黑轻,白棋不会有利。

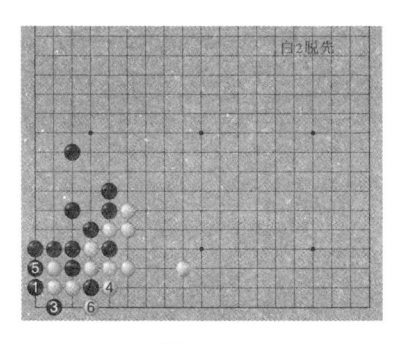

图6-39

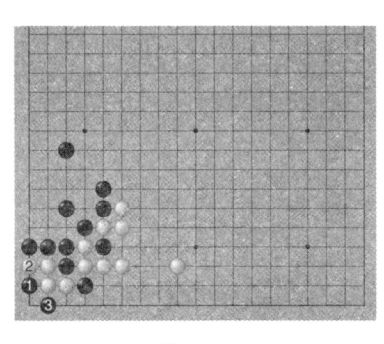

图6-40

11 第十一型

图6-41 基本图。本棋形中，气紧依然是白棋的软肋，走成双活是黑棋的目标。

图6-42 失败图。黑1点，位置不对，白2靠之后，成为"有眼杀无眼"，黑无功而返。

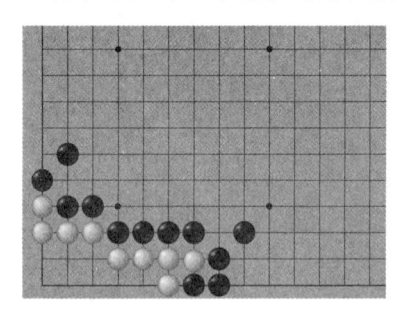

图6-41

图6-42

图6-43 正解图。黑1不仅是"二1位"上的手筋，还是"三子正中"的急所。进行至黑5，形成黑的双手后活。

图6-44 变化图。白2顶无用，还是双活，但黑得到先手。

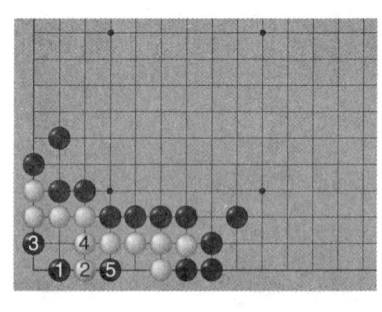

图6-43

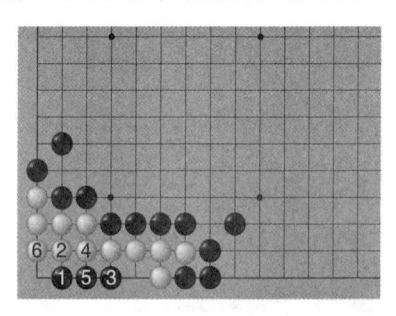

图6-44

12 第十二型

图6-45 基本图。黑棋没有什么出奇的手段,也就是1路扳粘。但是切记扳粘的次序极为重要。

图6-46 失败图。黑1扳这边有问题,白2、4之后,黑5、7的扳粘就不是先手了。

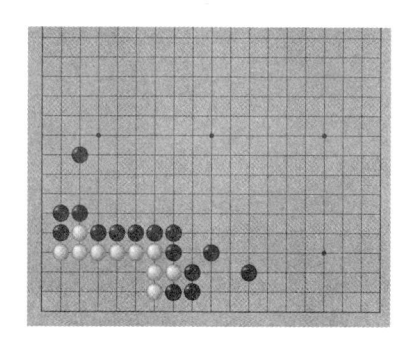

图6-45 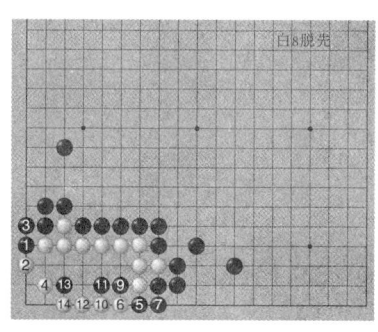　　　　　　　图6-46

图6-47 正解图。黑1、3正确,这样可得两个先手扳粘。

图6-48 变化图。对于黑1、3,白4位跳若成立,能防住上面黑棋先手扳粘。但黑5、7打后,有9位跳枷手筋,白崩溃。

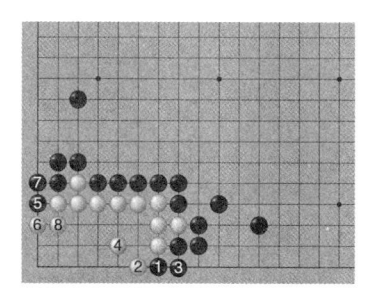

图6-47 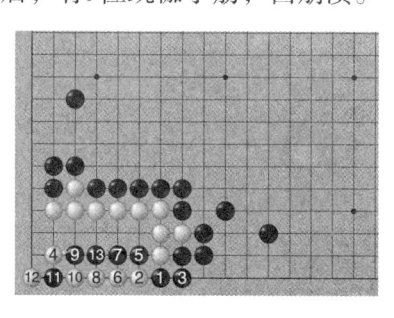　　　　　　　图6-48

13 第十三型

图6-49 基本图。黑棋两子明显已经被吃了,尽管如此,依然有一些可以利用的价值。

图6-50 失败图。黑1扳,白棋是不能直接挡的,白2尖是正着。黑3以下,走不出什么手段。

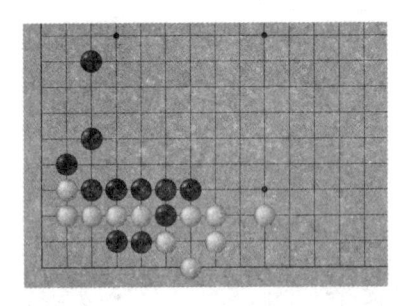

图6-49

图6-50

图6-51 正解图。黑1在"二1位"的要点上,白棋只好在2位回头补棋,黑3扳,可以连回一子。

图6-52 变化图。白2挡是自撞气行为,经黑3、白4、黑5后,局部成为打劫。

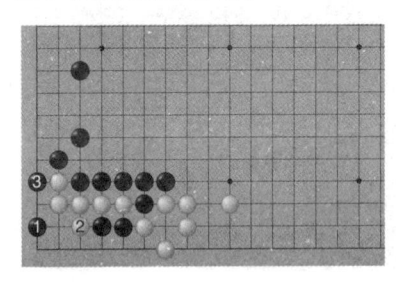

图6-51

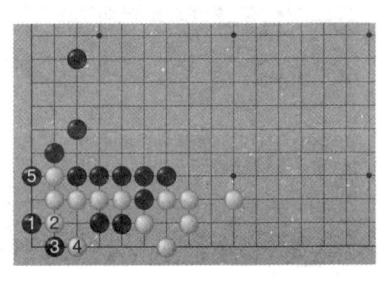

图6-52

14 第十四型

图6-53 基本型。黑棋被吃掉的一子,并非完全废掉了。相反,它能起到非常重要的作用。

图6-54 失败图。黑1扳,过于简单,白2跳即可。黑棋并没有太大收获。

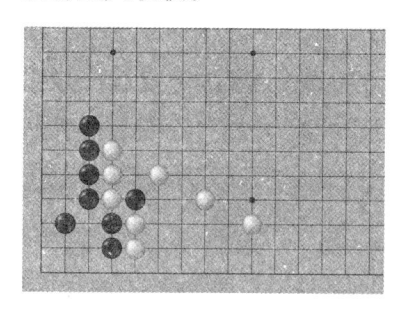

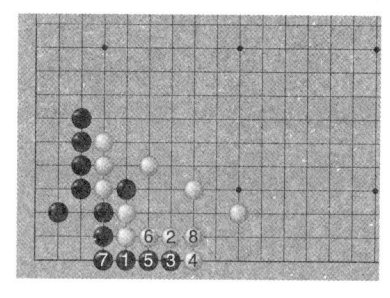

图6-53

图6-54

图6-55 正解图。黑1扳,是弃子收官的好手。至黑9,白棋的实空已经不多,黑棋收获颇多。

图6-56 变化图。白2立的反击并不成立,黑3接、5冲,白棋崩溃。

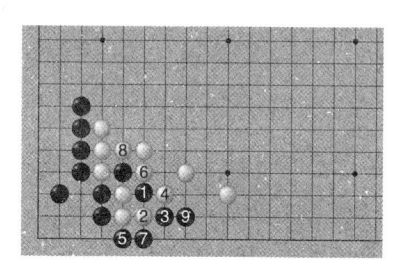

图6-55

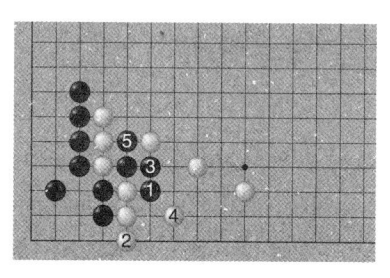

图6-56

趣味链接

康熙三十三年,陶式玉的《官子谱》在福州付梓。此书传入日本后,与我国元代棋手严德甫主编的著名围棋著作《玄玄棋经》并列奉为"诘棋"两大名著。

清代嘉庆年间,著名国手范西屏、施定庵的高徒卞立言晚年编撰了《弈萃》两卷,其中一卷为官子卷,又名《弈萃官子》。该书有嘉庆二十一年味书堂刊本传世。

《弈萃官子》的解释是:"官子者,大局既定之候,各守疆界之着也。"

围棋口诀

飞封定式要熟记,无忧角上两路托,试探应手是真意。
敌强欲削宜浅侵,进退有路方为宜,自己断点常记心。
适时护断别忘记,先活自己再杀敌,一味贪杀反被欺。
两块活棋不必断,友邻浮子要联系,断后敌孤定要断。

围棋规则

拳六死,圭七活;眼大过七不怕杀。
对杀先数气,气长杀气短;气不够,先长气。
有眼杀无眼,大眼杀小眼,靠的是公气。
撞紧气,害自己;先紧外气和内气,最后才能紧公气。

第七章 收官计算

　　收官范围十分广泛，会随着局势进程而千变万化的，但无论哪种收官类型，都必须有个初步认识，否则无法计算官子。围棋胜负是以双方在棋盘上活棋多寡来决定的。一方在棋盘上活棋的总数是该方各块活棋子数的总和。所以，一定要学会终局的计算。

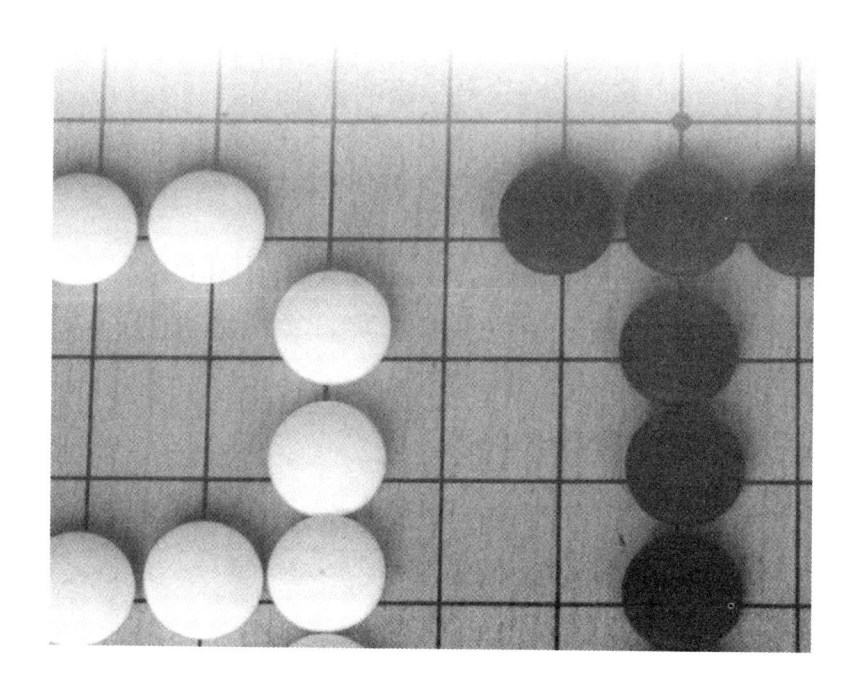

01 官子的目数

围棋胜负是以双方在棋盘上活棋多寡来决定的。棋盘纵横有361个交叉点，以哪方占领的交叉点数目多为胜。

占领交叉点有两种方式：一种是用棋子直接占领，另一种是以围空（地域）来占领，所围的空交叉点就叫作"目"，它是官子价值计算的单位。目的数量则通常称作"目数"。

图7-1 白方所围的空共有11个交叉点，称作11目。

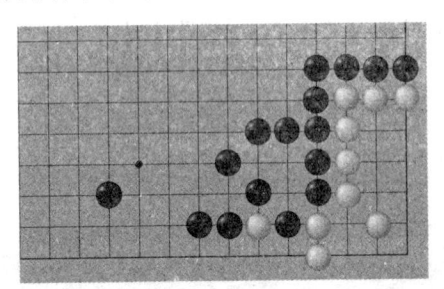

图7-1

图7-2 黑方所围出的空共有14个交叉点，计作14目。

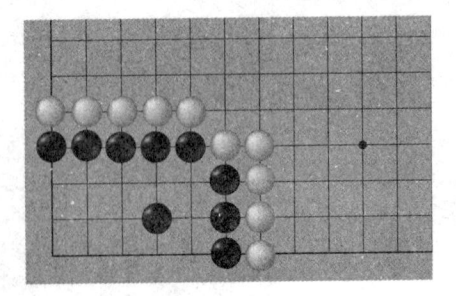

图7-2

02 官子计算方法

官子价值的计算单位是目。计算方法有出入计算法、双分目数增减法和折半计算法三种。

1. 出入计算法

官子计算方法，一般采用"出入计算法"，它不仅易懂，且简单易行，在实战中运用较多，是计算官子主要手段。

出入计算法是从目数的损得进行计算。对于同一个官子，首先设想黑白双方正确应对后的局面，然后根据这个设想的结果进行比较，双方增减之和就是这个官子的目数。

单方目数的增减，是出入计算法中最简单的一种，指官子的结果只关系一方目数的增减。

图7-3 黑1长，可以破掉白棋挡时做成的1目，而黑方本身的目数并无增减的变化。

图7-4 白1挡，可以得1目，并不影响黑方。所以，这只是白棋单方目数的增减问题。这个官子的价值是1目，双方谁下都是后手，这个官子通常被称为后手1目。

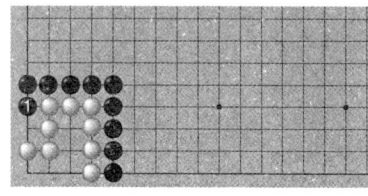

图7-3 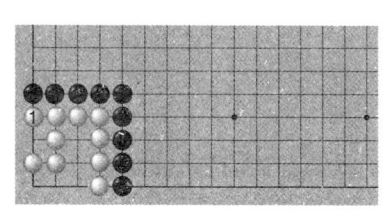　　　　　　　图7-4

图7-5 黑1提白三子，可以得6目。

图7-6 白1接回白三子，虽然本身并不得目，但它防止了黑方得6目。所以，这也是黑棋单方目数的增减问题。这个官子为后手6目。

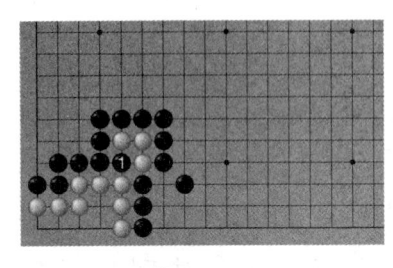

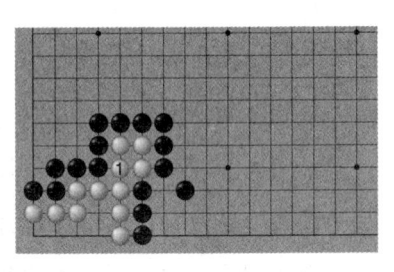

图7-5

图7-6

图7-7 白1扳，黑2退是为了避免劫争，以下至黑6粘止，是白方先手官子。

图7-8 棋形中，黑1立，对于白棋来说，目数上并没有增减，但是对于黑棋来说，却是增加了4目。因此这个官子的价值应该是4目，只不过对白方是先手4目，对黑方是逆先手4目而已。

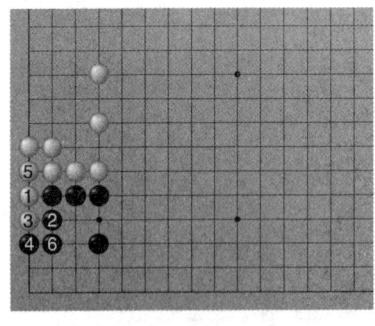

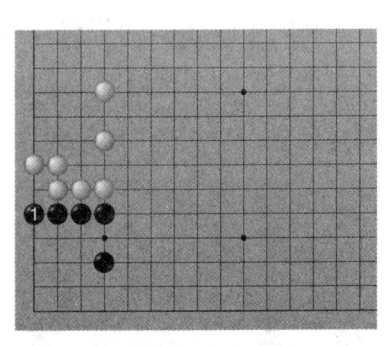

图7-7

图7-8

图7-9 黑1扑为先手吃掉白二子，白2作眼，不得不补，否则黑A位双吃，白棋全部被杀。黑1吃白二子是4目，加上×是2目，共得6目。

图7-10 白1粘，接回二子，但本身目数并没有增减，以后至A位仍需补一手。其价值为黑先手6目或白逆先手6目。

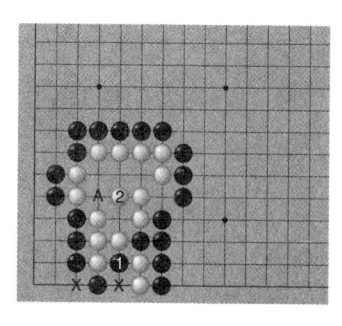

图7-9 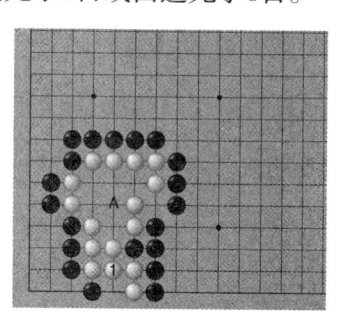　　　　　　　图7-10

图7-11 黑1提白三子为先手，白2作眼，只得补，否则黑A位打，白棋全部净死。

图7-12 白1接回三子，黑2接也必须补，否则白2位打，黑棋全部净死。

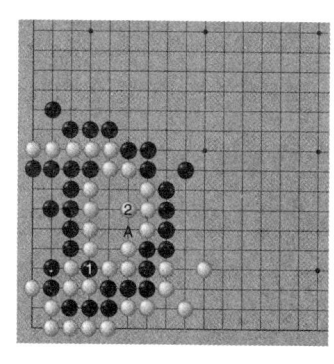

图7-11 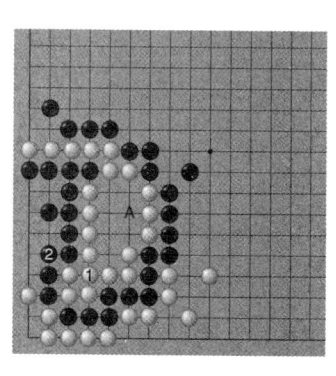　　　　　　　图7-12

图7-11、图7-12两图白棋的目数没有变化,以后白A位仍要补一手,但是图7-11黑1提可以增加7目,而且对于双方来说都是先手官子,这个官子的价值就为双方先手7目。

计算的基础在于要首先设想黑先和白先之后所形成的局面,然后再将双方增减之差相加得出结果。

2. 双方目数增减法

双方目数增减指收官的结果导致一方地域增加,而另一方地域相应减少。把增减数目相加,就是这一官子的价值。

图7-13 黑1、3扳粘,白2、4挡粘,黑棋得到2目。

图7-14 若白先走1位扳,至黑4粘。与上图比较,黑棋×所示的2目不见了,而白棋则多出×所示的2目。

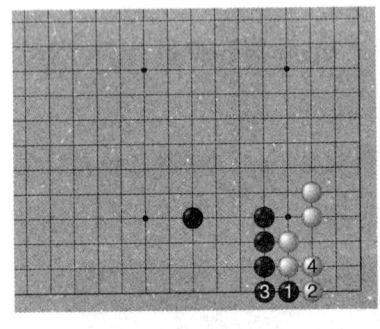

图7-13

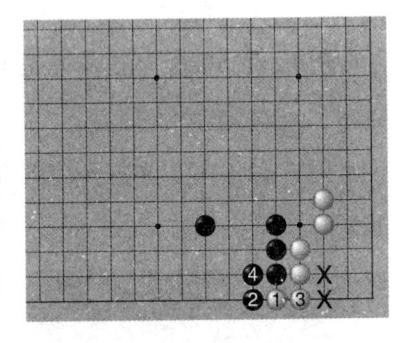

图7-14

此时,不论谁先走,都会使自己增加2目,同时,造成对方损失2目的结果。二者相加,这个官子价值4目。这是双方先手4目的官子。

图7-15 黑1、3扳粘,是后手官子。

图7-16 白1、3扳粘也是后手官子。

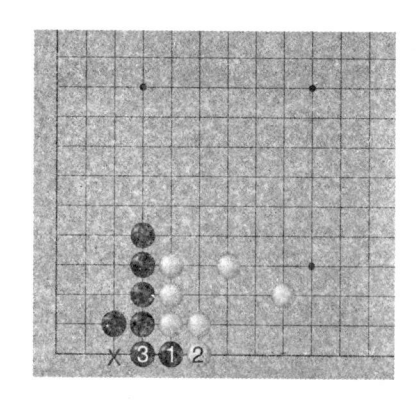

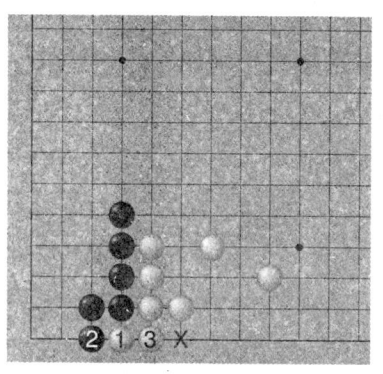

图7-15　　　　　　　　　图7-16

图7-15的黑方在×得1目，图7-16的白方在×得1目，二者在得1目的同时，都使对方的1目减去，所以，把其增减的价值相加，即为现在的价值，也就是说，这个官子为后手2目。

图7-17黑1提白二子，后手得4目。

图7-18白1提黑一子，后手得2目。

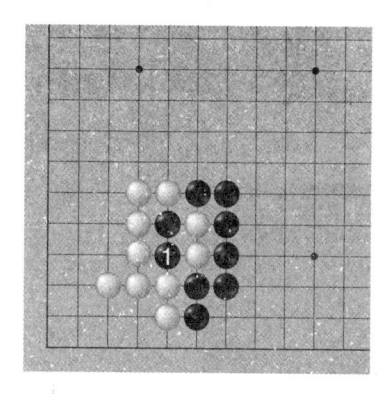

图7-17　　　　　　　　　图7-18

图7-17、图7-18二者的增减相加，即为4目＋2目＝6目，也就是说，这个官子的价值为后手6目。

图7-19 黑1、3扳粘是后手官子。

图7-20 白1、3扳粘也是后手官子。

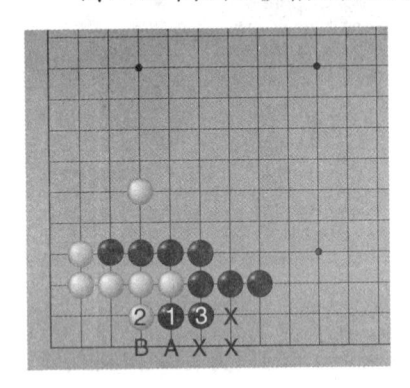

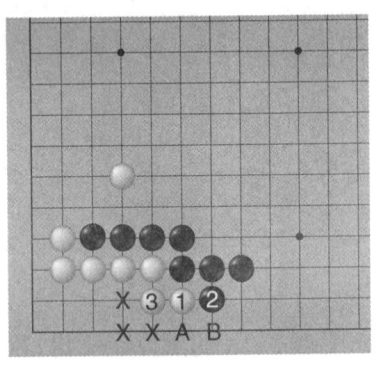

图7-19

图7-20

双方在扳粘后，都是按照A位或B位立交换后进行计算的，图7-19的黑方在×位增加了3目，图7-20的白方也是在×位增加了3目，故其增减为6目。所以这个官子的价值应该为后手6目。

图7-21 黑1扳是先手权利，白2退，避免劫争，以下至白6粘止，黑在×位得1目。

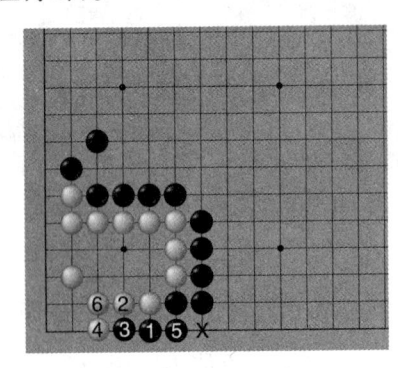

图7-21

图7-22 白1、3扳粘是后手,在×位得4目。

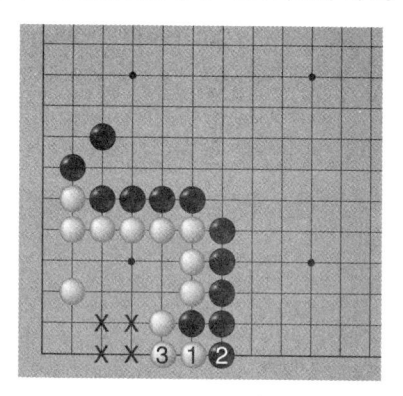

图7-22

图7-21、图7-22中这个官子按增减的出入计算应为5目,对黑方而言叫作先手5目,对白方而言则叫作逆先手5目。

图7-23 黑1、3扳粘为先手收官,白4作眼,不得不补,黑5打、7冲都是先手收官。

图7-24 白1接后再3、5扳粘是好次序,以下至白7挡止,白方是后手收官。

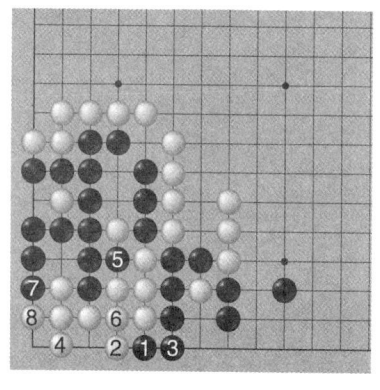

图7-23

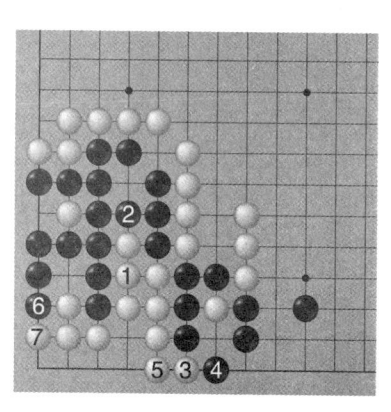

图7-24

图7-25 白棋角内得5目，比黑方先手收官时增加3目，黑棋左边原为7目，现为4目，减少3目，下边原为4目，现为2目，减少2目，故这个官子的价值为3目，3目＋3目＋2目＝8目。黑方是先手8目，白方是逆先手8目。

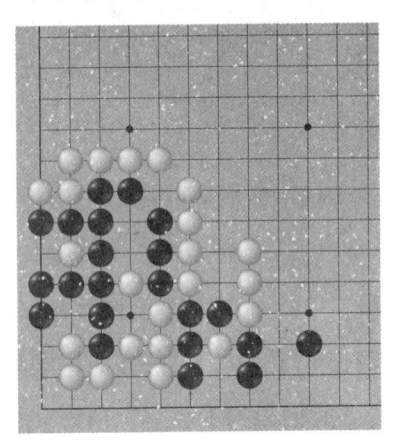

图7-25

图7-26 黑1、3扳粘是先手收官。

图7-27 白1、3扳粘也是先手收官。

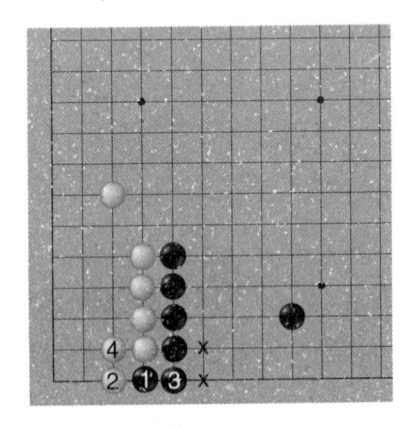

图7-26 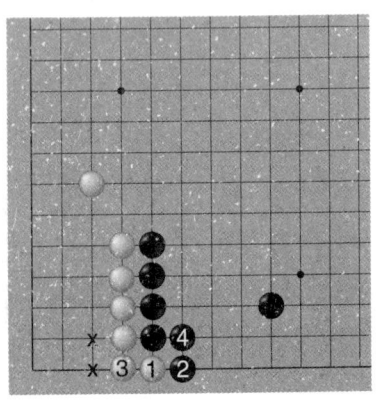　　　　　　图7-27

就此两图而言，图7-26的黑棋增加了×位2目，图7-27的白棋增加了×位2目，其增减值共为4目，故这个官子为双方先手4目。

图7-28 黑1尖，白2挡，黑3、5扳粘，白6粘。黑方是先手收官。

图7-29 白1尖至黑6粘止，白方是先手收官。

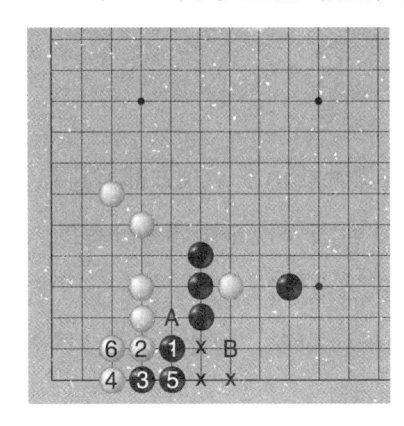

图7-28　　　　　　　　图7-29

在图7-28、图7-29中，A位都是先手，B位只得补，黑方得位×位3目，白方得×位3目，双方的增减之和为6目，故这个官子为双方先手6目。

双方先手的官子最大，其次是单方先手或逆先手，最后才会轮到双方后手，一般都是按这个顺序收官的。

03 官子的后续利益

有些官子，除了它本身所得之外，还有后继手段可以进一步再获利益。这个再获的第二利益，也分后手第二利益和先手第二利益。

1.后手第二利益

例一

图7-30 在本棋形中，A位的黑冲或白挡，双方都有1目，由于双方边界已经被确定，故而，此种情况是很容易计算的。

图7-31 黑1冲后，A位再冲依然得1目，这个A位的官子即为第二利益。由于双方占A位的机会均等，因此，这个1目的权利为双方各占一半，也就是说1/2目。

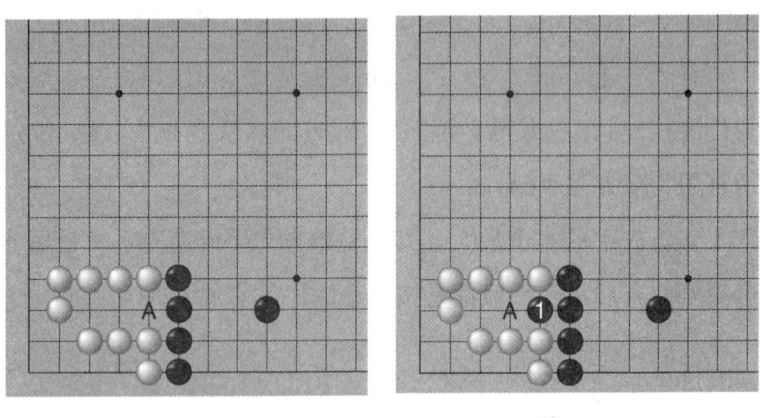

图7-30   图7-31

图7-32 白1挡可得2目，与图7-31的白棋只得1/2目相比，

增加了1/2目。对于黑方而言,黑1冲,得1目,再加上第二利益的1/2其价值为1又1/2目。

图7-33 黑1扳,得×位1目,因非绝对先手,白棋可不应。

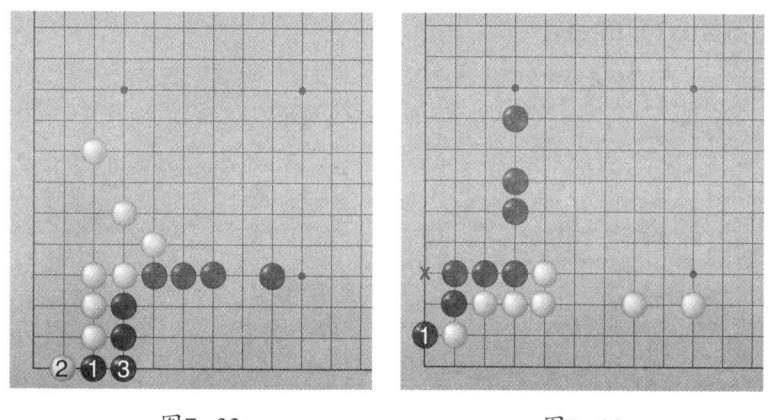

图7-32

图7-33

图7-34 黑1、3打拔白一子,又增加了4目,以后按白A位立、黑B位粘来计算。

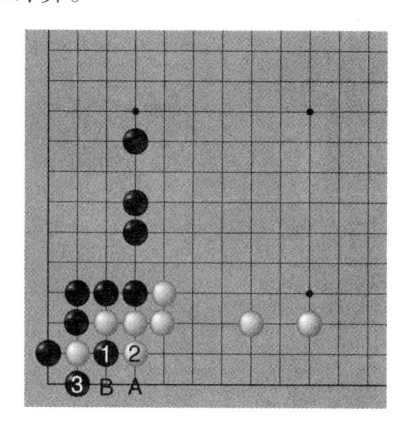

图7-34

图7-35 白1立,在×位增加3目,同时减少了黑方4目,其

和为7目,但双方权利均等,因此各占3又1/2目。

图7-36 白1立,以后A位是先手,黑B位挡,减少了黑B位的1目,增加×位3目,所以这个官子的价值为3又1/2目+1目+3目=7又1/2目。

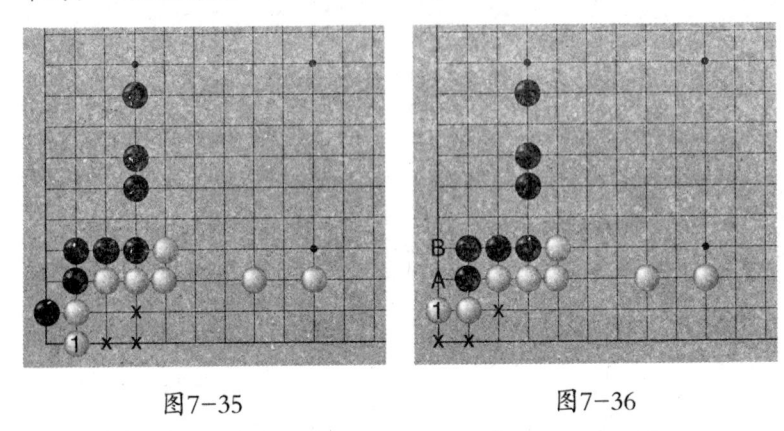

图7-35

图7-36

例二

图7-37 黑1、3扳粘后,白棋若暂时不理,黑本身的价值为后手6目。

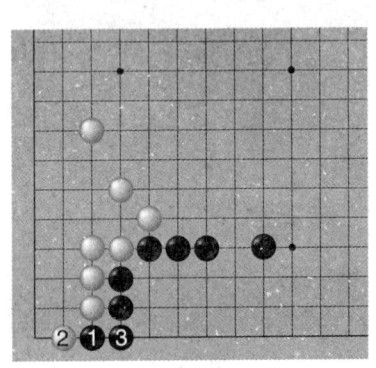

图7-37

图7-38 黑1、3打拔的价值是白方增加1目,黑方减少4

目，其和为5目。

图7-39 白1、3、5扳粘却是先手收官。

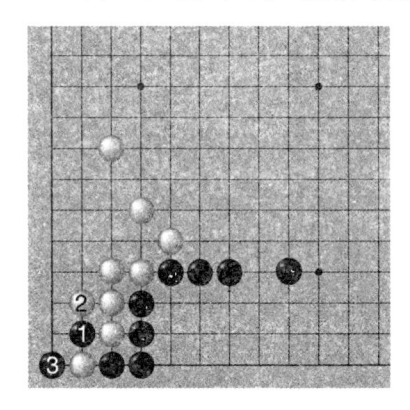

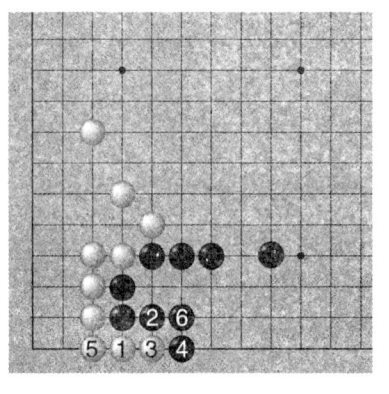

图7-38　　　　　　图7-39

因此，图7-37的黑1、3扳粘为逆先手官子，其价值为6目＋5目×1/2＝8又1/2目。

例三

图7-40 白1立虽是后手官子4目，却还有第二利益。

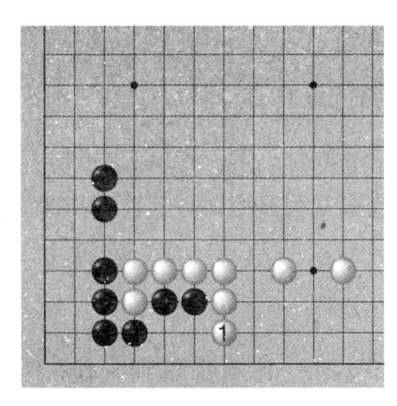

图7-40

图7-41 白1断吃黑二子可得8目。

图7-42 黑1立、3、5扳粘却是先手官子。

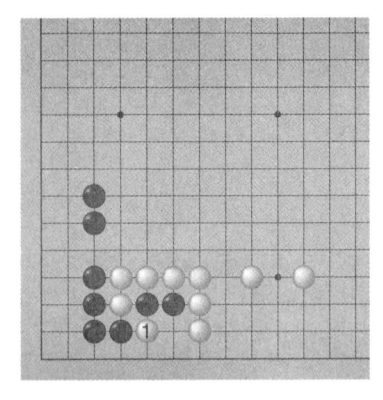

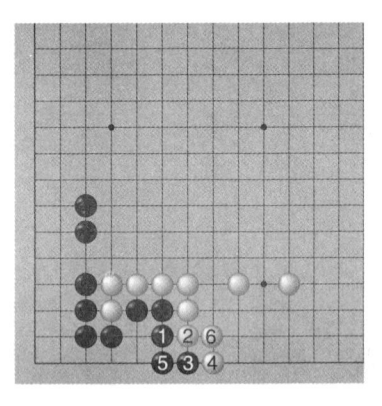

图7-41   图7-42

后手第二利益的计算，可按折半的方法计算，再加上第一利益，即为这个官子的全部价值。

因此，图7-40的白1立是逆先手官子，其价值为4目＋8目×1/2＝8目。

2.先手第二利益

先手第二利益的计算方法和后手第二利益的计算方法有所不同，因为它的第二利益是不必花费手数的，所以不需要折半计算，而是把第一与第二利益相加，二者之和即为这个官子的全部价值。

例一

图7-43 黑1立时，其本身得到×位5目，白如果在A位挡，那么黑棋便已先手得利，白如果脱先，黑棋便会产生第二利益。

图7-44 黑1冲,白2跳,以下至白8挡止,黑棋又破白7目,因此图7-43 黑1价值为后手12目。

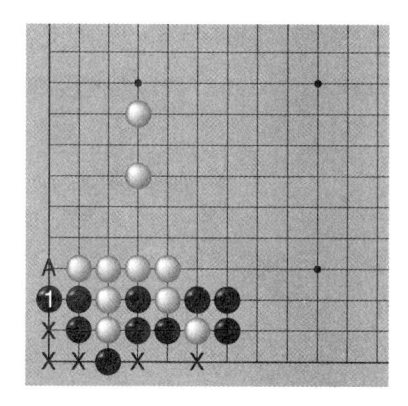

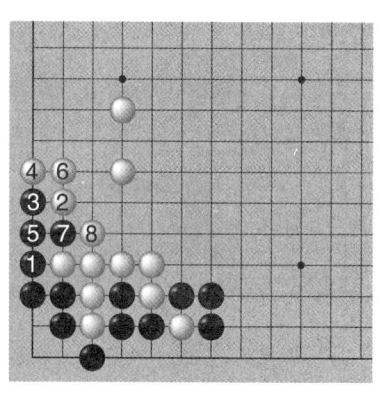

图7-43

图7-44

图7-45 白1扑、3扳后,前述12目官子已得,另外图7-46白1粘、3、5打拔黑三子又得5目(因白5位先扑一手被提),因此还须再加5目的一半,即12目+2又1/2目=14又1/2目,才是白官子的价值。

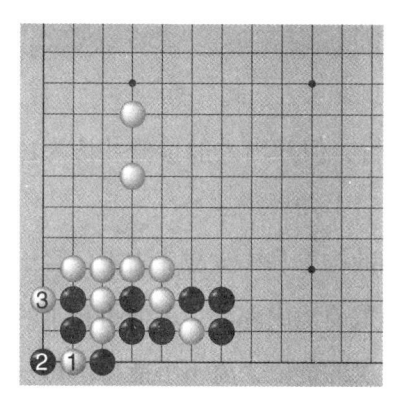

图7-45

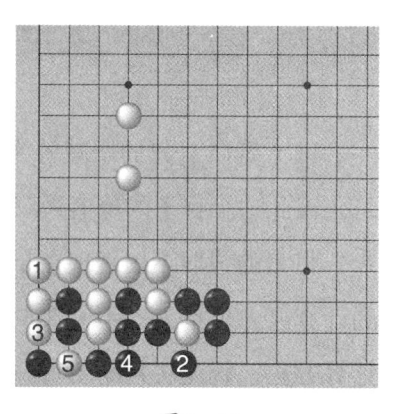

图7-46

例二

如图7-47 黑1、3扳粘后，还有图7-48 黑1、3的先手扳粘；

图7-47　　　　　　　　图7-48

同样图7-49 白1、3扳粘后，还有图7-50 白1、3的先手扳粘。

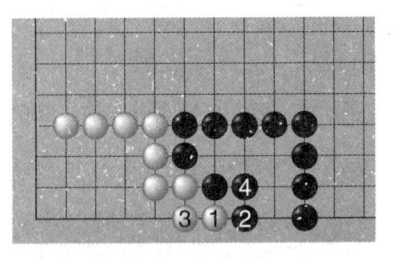

图7-49　　　　　　　　图7-50

以上黑白双方的增减各为5目，但其出入的价值共计为10目，因此这个官子的价值为双方后手10目。

棋力的强弱不仅表现在布局的构思和中盘战斗力上，官子的计算能力也是一个不可缺少的重要组成部分。不懂得官子的计算方法，就无法判断出每一手棋的价值，就不可能得出每一手棋的大小标准，因此，研究并掌握了官子计算方法后，才能培养出真正的大局观。

04 官子的次序

在收官阶段，其次序是相当重要的。如果不能正确地掌握收官次序，即使能准确算出官子大小，也是枉然。收官次序一般分为两类，即同类型官子次序和不同类型官子次序。

1.同类型官子次序

在同类型官子次序中，其原则应为从大至小，依次收取。

例一

图7-51 这时共有A、B、C、D、E、F、G、H八个官子，若是黑先下，应该如何收官才是正确次序呢？

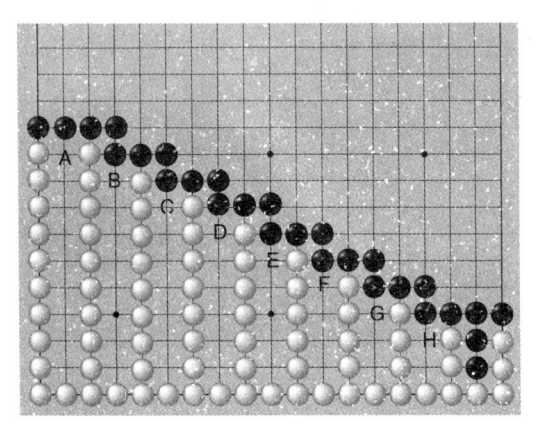

图7-51

图7-52 黑1先从小的地方冲，白2挡在大的地方，以下至黑11冲止，白棋共得30目。

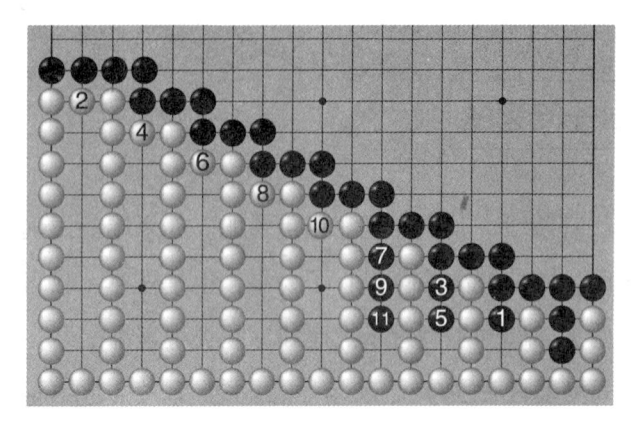

图7-52

图7-53 黑1先从大的地方冲，白2挡，以下至黑15冲止，白棋共得28目。

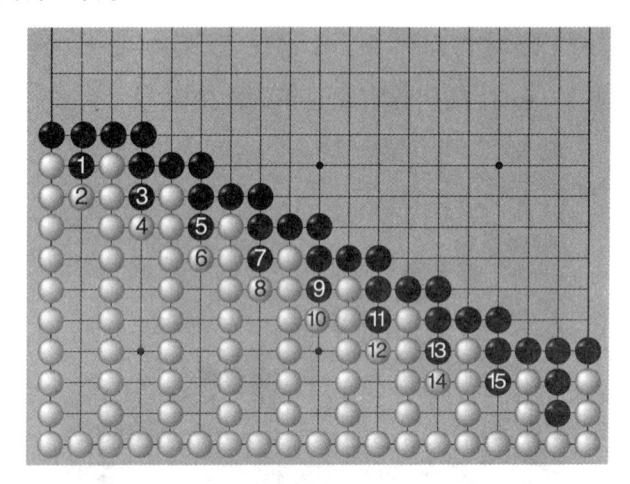

图7-53

初看黑方每冲一步都可破白方1目棋，冲在哪里都一样，其实不然，因为有的仅有第一、第二利益，而有的却还有第三、第四等利益，因此应从大到小才是正确次序。

图7-54 白1挡，也应该是先从大的地方开始，以下至黑14冲止，白棋共得29目。

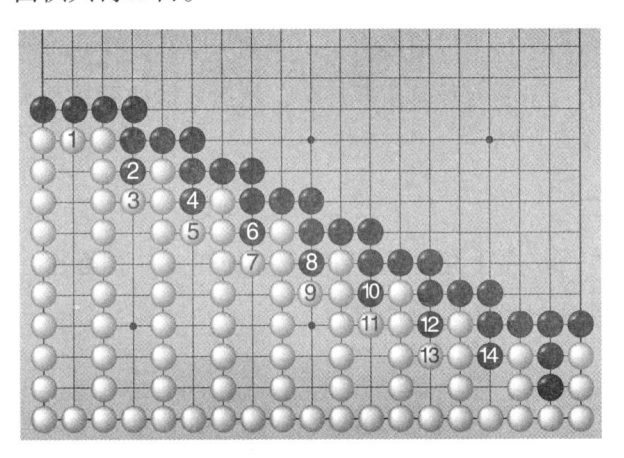

图7-54

图7-55 白1从小的地方挡，以下至白15挡止，白棋虽然仍得29目，但与图7-54相比，白棋却是落了后手。

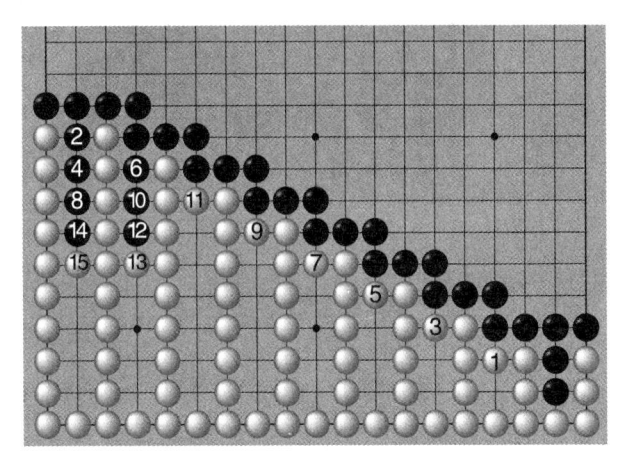

图7-55

以上是一个绝好的例子，它充分说明了在收官时的同类型官子，广的地方比狭的地方要大。当然，若不能认识广和狭就无法正确判断官子价值的大小。要确定收官次序，分别准确计算出每个官子的目数是重要环节，然后才能按照目数大小，依次收取。

例二

图7-56 左上角、右上角、左下角、右下角各有一个官子，首先应计算出各自的目数。

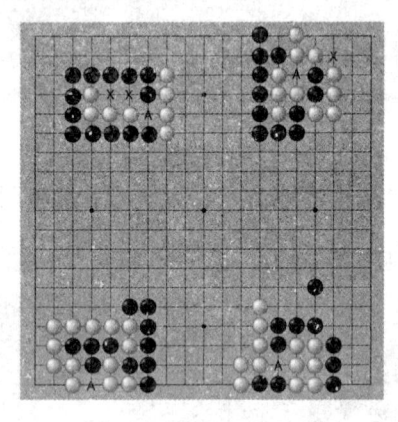

图7-56

黑先：

左上角：在A位接可吃掉白四子得8目，加上×位的2目，共10目。

右上角：在A位提白四子，同时救回黑二子得12目，加上×位的1目，共13目。

左下角：在A位提白三子，同时救回黑四子，共14目。

右下角：在A位提白六子，同时救回黑二子，共16目。

因此，图7-57黑1提为16目，白2提为14目，黑3提为13目，白4接为10目，这样就是正确的收官次序。

假若图7-58黑1提白三子，白2提黑二子，黑3吃白四子，白4提黑二子，这样的收官次序就是不正确的。

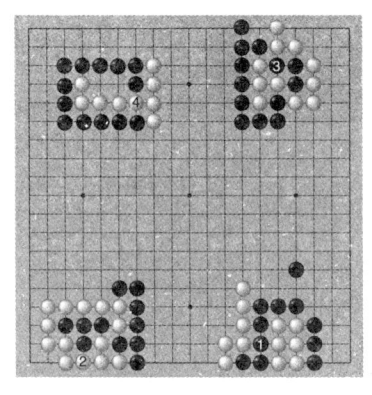

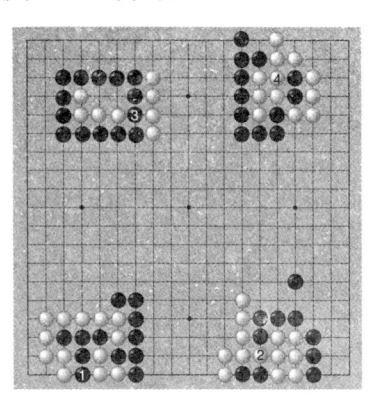

图7-57　　　　　　　　图7-58

2.不同类型官子次序

不同类型官子的收官次序原则一般是：先占双方先手官子，其次是单方先手官子，最后才是双方后手官子。

例一

图7-59白先。左上角、右上角、左下角、右下角各有一个子，那么我们首先要确定它们属于哪一种类型。

左上角：是双方后手3目。

右上角：是双方先手4目。

左下角：是单方先手（逆先手）3目。

右下角：是双方后手6目。

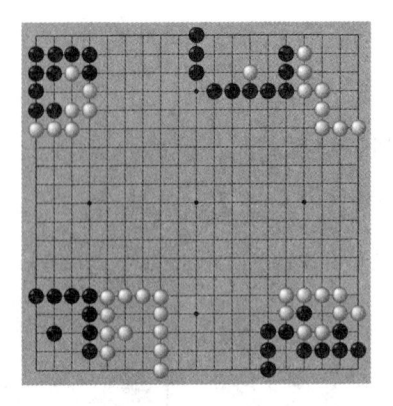

图7-59

图7-60 白1、3是双方先手扳粘4目，当然是必争的，再5、7先手扳粘3目，再占白9提的后手6目，共得13目。而黑10提只得后手3目，这是唯一正确的收官次序。

若是死板地按目数大小去收官。则图7-61白1提是后手6目，黑2、4扳粘是先手4目，再6、8扳粘是逆先手3目，白9粘是后手3目。与图7-60相比，白棋少得4目，白棋收官失败。

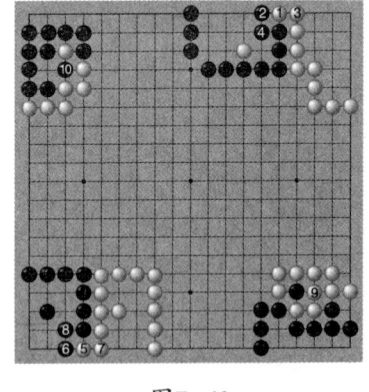

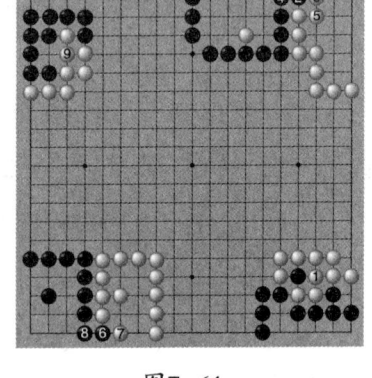

图7-60   图7-61

例二

图7-62亦为白先,应该如何收官呢?

左上角:是双方后手6目。

右上角:是双方后手7目。

左下角:是逆先手5目。

右下角:是逆先手4目。

此时,问题已经十分清楚了。

图7-63 白1、3逆先手扳粘5目,是目前位置最大的官子,黑4先手扳4目之后再6扑得7目,白7提6目。实际双方各得11目。

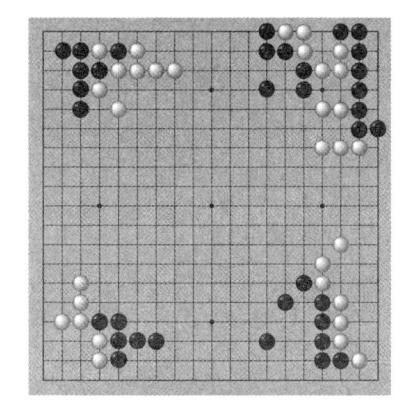

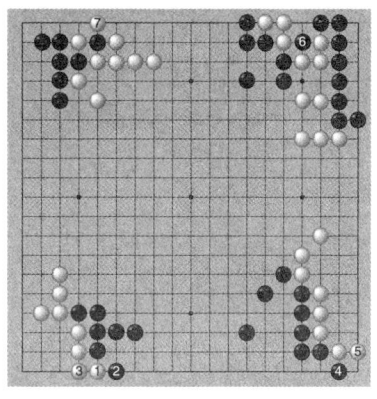

图7-62　　　　　图7-63

假若图7-64 白1粘,后手7目是目前盘上数字最大的官子,黑2、4、6先手5目,再8扳先手4目,最后再10提后手6目。这样,黑棋共得15目,而白棋仅得7目,如此占官子没有不败之理。

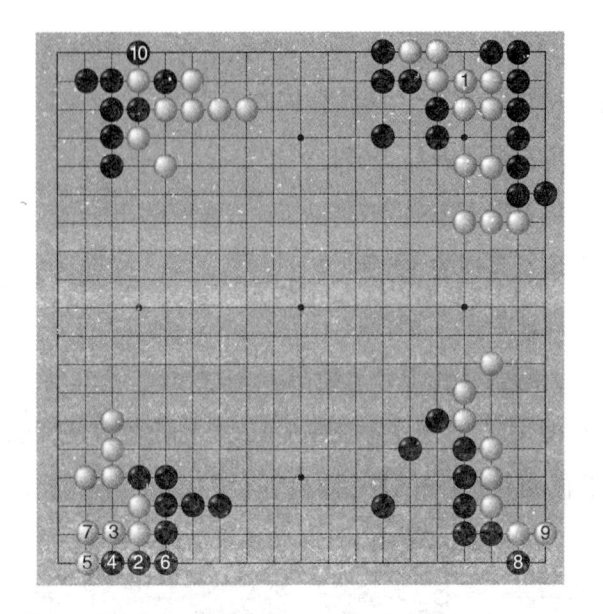

图7-64

以上例图足以说明不同类型的官子次序：

（1）双方先手，势在必争是不变的原则；

（2）单方先手或逆先手的时机把握要准确；

（3）双方后手，需从大至小依次收取。

05 终局的计算

围棋胜负是以双方在棋盘上活棋多寡来决定的。一方在棋盘上活棋的总数是该方各块活棋子数的总和。所以，一定要学会终局的计算。

一局棋分布局、中盘战斗、收官三个阶段。终局是指收官完了，该进行胜负计算而言。下面简单举例如下。

图7-65 黑1准备从A位开口进入白地；3接；5、7冲；9接；11、13冲；15接；17冲；19接。防白34双吃；21封口；23接；25、27、29挡；31、33封口；35接断点；37占完全盘黑白交界处最后一点。

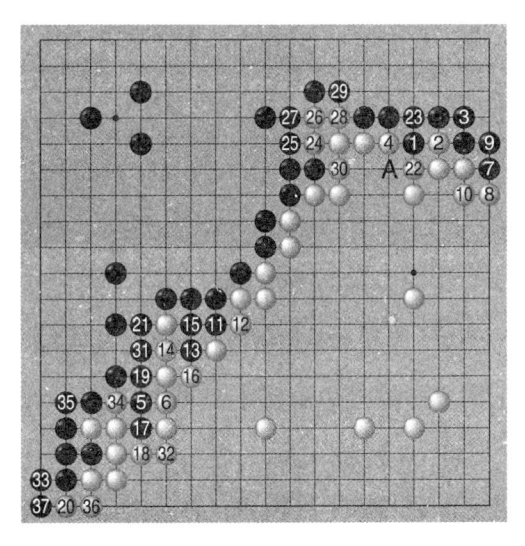

图7-65

白2、4、6、8挡住；10接断点；12、14、16、18挡住；20封口并要进入；22先手吃；24、26、28冲；30封口；32接断点；34威胁敌人断点；36接。

至此，棋局结束。

终局后开始计算胜负，术语叫"做棋"。方法是：

（1）先把盘上死棋拿掉，形成图7-66。

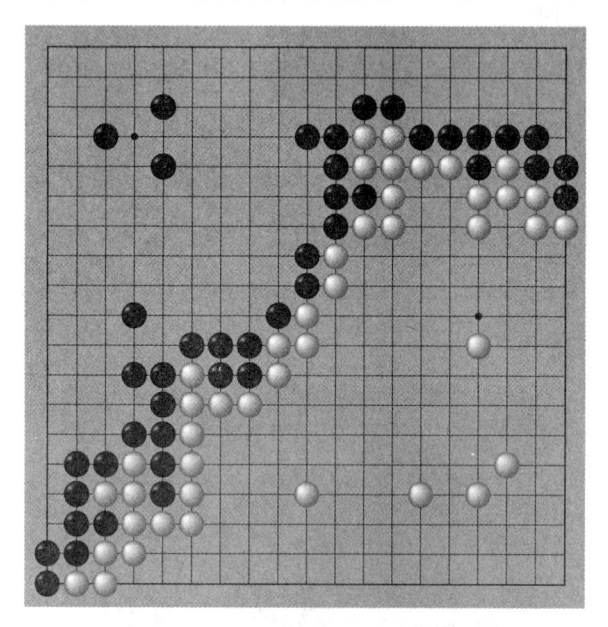

图7-66

（2）之后以十为基本单位做成整齐图形（参照图7-67）。

（3）把周围空缺处填上棋子，再把这些散子以十个子为一堆，看有几堆，计算出数字。

（4）再把整数与散子数相加，然后减去基本数（黑183又1/4，白177又3/4），即得出胜负结果。

胜负计算：

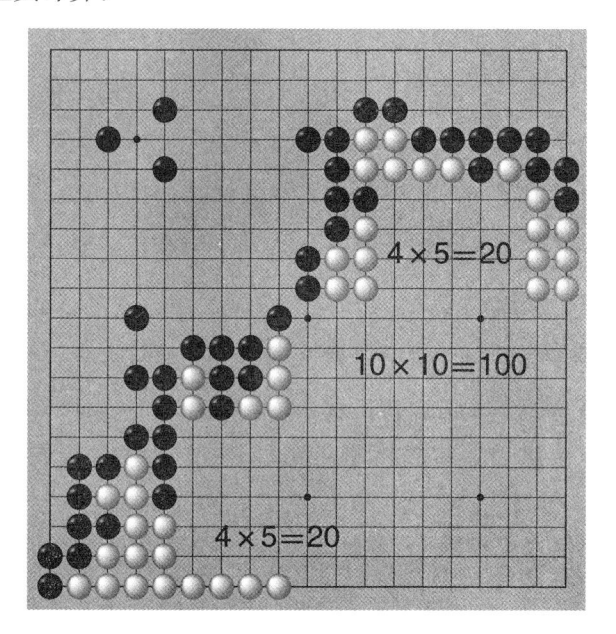

图7-67

白地：11+20+20+41=181-177又3/4=白胜3又1/4

知道白子数就能计算出黑子数。

黑地：361-181=180-183又1/4=黑负3又1/4子

另外，让子棋的基本数的计算是：

180又1/2+让子数的一半=黑棋基本数

比方说白棋让黑棋4子：

黑棋基本数 =180又1/2+2=182又1/2。

知识链接

卞立言在《弈萃官子》的《自序》中说，他是在前辈明末陆玄宇父子编辑、过百龄整理校订《仙机武库》和明末汪廷讷编辑的《坐隐斋精订棋谱》以及明嘉靖年间许穀编辑的《石室仙机》，还有陶式玉所选棋谱的基础上"采摘各家之要，搜罗父师之精"编选成书的。

《弈萃官子》可谓明清两代研究官子的集大成之作，在一定程度上反映了我国古代围棋鼎盛时期即康乾盛世时期官子理论的研究成果。

围棋口诀

长三曲三可点杀，长四曲四是活棋，花四五六可点杀。
方四不点也死棋，刀五一点当然死，普通板六是活棋。
大猪嘴是扳点死，小猪嘴是劫活棋，盘角曲四劫尽亡。
碰角板六看外气，角上板八能双活，断头曲四是死棋。

围棋规则

双叫吃，真奇妙，两只老虎同张嘴，总有一边逃不掉。
眼是宝，眼是家，做活战斗全靠它，真眼假眼要分清。
活棋死棋看仔细，判别死活有方法，两只真眼是活棋。
两只以下是死棋，围敌一块拟杀棋，思考方法要牢记。